中国图书"走出去"成功案例选

外文出版社
FOREIGN LANGUAGES PRESS

图书在版编目（CIP）数据

中国图书"走出去"成功案例选/陈燕主编．
—北京：外文出版社，2010.12
ISBN 978-7-119-06757-5

Ⅰ.①中… Ⅱ.①陈… Ⅲ.①图书－国际贸易－案例－中国
Ⅳ.① F752.68

中国版本图书馆CIP数据核字（2010）第233034号

"对外传播理论与实践研究"丛书
总 策 划：姜加林

责任编辑：周效里 乔 萍 袁鲁霞 李建安
装帧设计：北京夙焉图文设计工作室
印刷监制：冯 浩

中国图书"走出去"成功案例选
陈 燕 主编

ⓒ 2010外文出版社
出 版 人：呼宝民
总 编 辑：李振国
出版发行：外文出版社
地　　址：中国北京西城区百万庄大街24号　邮政编码 100037
网　　址：http://www.flp.com.cn
电　　话：010-68320579 / 68996067（总编室）
　　　　　010-68995844 / 68995852（发行部）
　　　　　010-68327750 / 68996164（版权部）
制　　版：北京夙焉图文设计工作室
印　　制：北京外文印刷厂
开　　本：787mm×1092mm 1/16
印　　张：16.5
字　　数：150千字
装　　别：平装
版　　次：2010年12月第1版 2010年12月第1版第1次印刷
书　　号：ISBN 978-7-119-06757-5
定　　价：38.00元　　　　　　　　　　　　　　　　建议上架：中国出版

版权所有 侵权必究 有印装问题可随时调换

"对外传播理论与实践研究"丛书编委会

主　任　周明伟

副主任　黄友义

编委会成员（以姓氏笔画为序）

于运全　王众一　王刚毅　李振国
张海鸥　陈　燕　林良旗　呼宝民
姜加林　姜永刚　郭长建

序

黄友义

进入21世纪,世界上出现了新一轮前所未有的阅读中国热。从亚马逊网上收集到的资料看,英美出版社每年用英文出版的涉及中国的各类图书达一千多种;成百上千的中国图书选题每年输送到国外;外国出版社主动与中方合作向外国读者介绍中国,吸引想要阅读中国的外国读者,争夺国际图书市场上涉及中国的市场份额。中国图书以从未有过的数量和速度登上国际书架。

如何推动21世纪这一轮中国图书热延续下去?如何让中国图书更加大步、快速、持续地"走出去"?有必要总结和研究一下近年的范例。这本书收集的15个案例正好从不同角度为我们及时地提供了参考。

编入本书的案例非常具有代表性。在"走出去"的形式上，有获得中美政要关注、双方共同制定选题、共同写作的大型系列图书合作出版项目；有转让版权的单本选题；有先在国内受到欢迎，从而引起国际关注的畅销作品；也有几乎不在国内发行，完全为海外市场特定读者群量身定做的图书。从题材看，有学术专著、名家对话、实用读物、汉语教材、儿童读本；有图文并茂的画册、采访记录、名句汇编、文学作品。从中我们可以得出这样的结论，海外对中国图书的需求多种多样，不怕品种多，只要对路，就有市场。

书中收集的15个案例成功实现"走出去"各有窍门。对于从事把中国文化和图书推向国外市场的工作人员，阅读各个案例的分析文章会有许多惊喜的发现。案例一《跨越大洋的合作》记述了挑选中外作者和协调他们写作的过程，让我们加深了对外合作"人的因素第一"的印象。还是这个案例的"翻译工作中的编辑思考"和案例二的《〈中国读本〉"走出去"的十点启示》，探讨的内容好像是翻译技术问题，但是讨论的实质是如何实现跨文化交流。特别是"启示"一文披露的围绕中外人士对"自古以来，中国人好吃，西方人好性"的不同观点实际上已经超过了翻译的范畴，这里提出的是中西方两个思维模式和两个话语体系的差别和矛盾，解决得好，合作成功；否则，将成为败笔。为了吸引互联网时代的图书读者，案例三《话说中国》追求视觉创新，走的是"从任何一页都可以开始阅读"的新路。案例四谈到了《狼图腾》中文版在国内卖出50万册后，出版团队主动编译英文推广材料，积极寻找合作伙伴。这么香甜的美酒还要如此叫卖，其他选题就更不能坐在家里等客上门了。案例五和案例十介绍的《江边对话》和《从甲骨文到E-Publications》两部作品涉及的都是十分严肃的话题。严肃的主题就需要知名度高、影响大的作者。然而，这还不够，选题严肃不等于说话口气或写作文风也严肃。正是用活泼轻松的语言来阐述严肃的话题才赋予了作品的可读性和国际吸引力。案例六"老人家说"的成功依靠的是把深奥的中国传统哲学用最简练的方式展示给读者。案例七"人文中国"书系强调"大家小书"，也是抓住了外国读者"具有外国大学的文凭，对中国的了解是小学水平"这个特点。案例八"中外文化交流"系列和案例九《感知中国文化》都凸显了写书要强调"故事性"这一要素。不论读者是跨国公司的老板和他们的律师，还是那些生长在外国、对中国毫不了解的儿童，他们要听的都不是讲座，而是一个个生动鲜活的故事。而案例十一"皮书"系列则得益于内容的翔实和权威。案例十二《汉语900句》的及时推出抓住了国际汉语热的时机，抓住了机遇，就占领了市场。案例十三《新实用汉语课本》巧妙地利用了上个世纪后期《实用汉语课本》在欧美市场创下的品牌效应。案例十四《一游记》介绍了如何克服中西方行为方式和不同利益引发的冲突，达到求同存异的目的。案例十五《坐着火车去西藏》打动读者的不仅是青藏铁路通车的神秘感，也是作者坐着火车去西藏的亲历记述。

这15个案例所代表的中国图书成功"走出去"令人兴奋,但与此同时,我们必须保持清醒的头脑:中国图书和中国文化"走出去"的道路还很漫长。以图书为代表的文化产品与以衣服鞋子为代表的日用生活必需品不同,前者要被外国人接受有天然的难度。就是中国人,即使身穿西装,吃着西餐,眼睛看的和耳朵听的还不是中国的文字和音乐嘛?何况,文化传统的不同,导致思维模式和阅读习惯的不同,形成庞大的文化鸿沟。把中国图书介绍到外国市场将是一个跨文化传播的巨大工程,是通过编辑加工和翻译加工进行文化再创作的艰难历程。要想在"走出去"的口号下,一蹴而就实现一次文化对外介绍的大跃进,迅速大幅地占领国外图书市场,显然是不现实的。

我们阅读这15个案例,学习的是他们各自成功的经验。事实上,在此之前,中国的对外出版,比如在上个世纪80年代,也有过不少的范例。比如,1984年和1986年,通过合作出版,中国在英国和意大利推出阐述邓小平关于建设中国特色社会主义的论述,发行数万册,引起西欧读者的广泛关注。又如,中国出版的英文版《金鱼》画册,美方一次买走现书一万本。英国企鹅公司通过与中方的合作,1988年就推出了中国神话故事系列。这种例子还很多,只是因为时间久远,当时又缺少总结,没有形成文字的记录供大家参考。在这种背景下,本书收集15个案例,加以总结分析,显得十分必要和具有实用价值。这些案例给我们的启示是中国图书完全可以"走出去"，关键是要路子对头、方法合适、毅力足够、用心到家、持之以恒。案例八"中外文化交流"系列的编辑李淑娟把出版一本书比喻为"孕育一个生命"，形象地道出了实现跨文化交流需要花费的心血，也点出了对外出版成功能给我们带来的喜悦。相信，以这15个成功案例为新的起点，我们会获得更多的成功喜悦。

黄友义：中国外文局副局长、总编辑；国际译联副主席，全国翻译资格（水平）考试英语专家委员会主任。

编者的话

近年来，我国图书对外出版和推广取得了一批令人瞩目的成果。但总体来说，中国图书"走出去"的步伐、对外出版的现状，与中国国力的增长和国际社会对中国信息的需求相比仍存在较大的差距，中西方图书版权贸易的巨额逆差仍未得到根本扭转。究其原因，既有我国社会文化发展水平相对落后、国家软实力建设仍显薄弱等宏观因素，也有出版人士在对外出版理念、意识、水平、能力等方面的不适应等微观因素。在国家大力倡导文化产业大发展的有利形势下，如何加快推进我国图书出版业"走出去"步伐，向国际社会更多展示中华文明与中国真实的发展现状，是我们出版人、特别是对外出版工作者义不容辞的责任。中国外文局对外传播研究中心策划、组织编辑的《中国图书"走出去"成功案例选》一书,旨在总结我国图书"走出去"中的成功经验与有益做法,为从事对外出版工作的人员提供借鉴和参考。该书被列为中国外文局重点外宣出版项目。

《中国图书"走出去"成功案例选》一书,选取了一批在海外市场反响较好、业内评价较高、有较大社会与经济效益的对外出版物,作为案例进行介绍或予以点评。各案例介绍的内容涉及对外出版中的各个环节,特别是针对在对外出版中经常遇到的瓶颈问题,诸如如何加强选题策划的针对性、解决合作出版中跨文化交流的差异、提高编辑的对外意识、克服中西方文化在翻译中的障碍、开展海外推广与营销等方面,案例均做出了有益尝试和积极探索,值得我们借鉴与思考。

本书每个案例都包括三部分:一是案例图书的简介。提供案例图书的封面、书名、作者、出版社、出版时间、出版文版等基本信息;二是案例概述。介绍案例图书的基本情况、主要内容、对外出版特色、销售业绩、获奖情况等;三是案例评析,由一至若干篇评析文章组成。主要从对外出版的角度,对案例图书在选题策划、稿件组织、编辑翻译、合作出版、营销发行过程中的成功之处、主要经验进行介绍,也有业内专家学者对该案例图书的意义、作用、价值等方面的点评。文章写作注重具体、可读,多为直接参与策划或组织出版过程的出版社高层或资深编辑、高级翻译为本书特约撰写,只有个别材料选自曾在刊物或网络发表、对案例图书有着精当介绍或点评的文章。

本书在约稿过程中得到了各出版社的大力支持与配合,为我们提供了一批有内容、有深度、有参考价值的好文章,在此深表感谢。但也正如中国外文局副局长、总编辑、从事对外出版数十年的外宣专家黄友义在序中所言,中国图书真正"走出去",其路途漫漫、任重道远,当前仍然处于起步阶段和探索时期。为了完成这一光荣使命,还需要我们出版人不断提高中外文化交流的意识与能力,深化对对外传播规律的认识,携手破解众多对外出版难题。希望本书的出版,能够对中国图书"走出去"事业起到一定的促进作用。限于编者水平,本书的编选内容及形式一定还有许多未尽人意和不当之处,也敬请读者指出并给予谅解。

目 录

案例一：《中国文化与文明》系列丛书 / 13

合作与创作，和同与和美 / 15
——《中国文化与文明》丛书合作成果献礼
....张泰平

跨越大洋的合作 / 18
....黄友义　廖　频

翻译工作中的编辑思考 / 28
——漫谈编译《中国书法艺术》书稿的点滴体会
....汪有芬

案例二：《中国读本》 / 37

《中国读本》"走出去"的十点启示 / 39
....俞晓群

《中国读本》的幕后故事 / 52
....王　军

案例三：《话说中国》丛书 / 57

一个出版新品牌的诞生 / 59
——《话说中国》历时十二年的编纂出版历程追踪
....何承伟

案例四:《狼图腾》/ 71
解密《狼图腾》版权输出神话 / 73
　　　　　　　　　　　　　　　　　　　　　　　　安波舜
《狼图腾》走向世界的启示 / 80
　　　　　　　　　　　　　　　　　　　　　周百义　章雪峰
版权输出成功典范——《狼图腾》/ 88
　　　　　　　　　　　　　　　　　　　　　中国对外图书推广网

案例五:《江边对话——一位无神论者和一位基督徒的友好交流》/ 93
《江边对话》是如何成功"走出去"的?/ 95
　　　　　　　　　　　　　　　　　　　　　张海鸥　钟振奋
交流、理解、探索、友谊、和谐 / 104
　　　　　　　　　　　　　　　　　　　　　　　　林戊荪
上帝真的存在吗 / 108
　　　　　　　　　　　　　　　　（美)罗伯特·劳伦斯·库恩

案例六:"老人家说"系列 / 111
对外出版要做到有的放矢 / 113
　　　　　　　　　　　　　　　　　　　　　韩　晖　蔡希勤
"老人家说"贵在立意 / 119
　　　　　　　　　　　　　　　　　　　　　　　　徐明强

案例七:"人文中国"书系 / 123
"人文中国"系列图书的成功经验 / 125
　　　　　　　　　　　　　　　　　　　　　　　　邓锦辉

案例八："中外文化交流"系列 / 135

出一本书，就像孕育一个生命 / 137
....李淑娟

让国外投资者赢在中国 / 150
——《世界500强企业CEO谈中国攻略》点评
....郭亚军

《老外的中国情结》帮助我们从侧面了解中国 / 154
....（英）马特·杜鲁门

案例九：《感知中国文化——互动学习丛书》/ 157

儿童读物国际化出版的探索与实践 / 159
....李富根　王　玮

《中国传统节日》点评 / 168
....（英）希纳·麦克雷

**案例十：《从甲骨文到E-Publications
——跨越三千年的中国出版》/ 171**

学术外宣，大有可为 / 173
....胡开敏　李建安

案例十一："皮书"系列 / 187

让中国"皮书"走向世界 / 189
....谢寿光

中国网访谈：中国皮书是怎样"走出去"的 / 195
....谢寿光　（荷）赫尔曼·帕布罗维

案例十二：《汉语900句》/ 203
国家汉语国际推广工作"六大转变"的标志性项目 / 205
....满兴远
汉语教学走向海外大众市场的品牌产品 / 214
....刘　骏

案例十三：《新实用汉语课本》/ 219
《新实用汉语课本》之得失经验 / 221
....王　飙

案例十四：《一游记》/ 233
求同存异　铸就精品 / 235
....王左银
惟有童心无界 / 243
——浅析《一游记》走进欧洲
....谢小朋

案例十五：《坐着火车去西藏》/ 247
浅谈外宣图书的市场化运作 / 249
....于九涛

案例一:《中国文化与文明》系列丛书

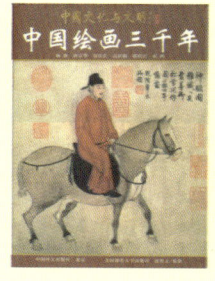  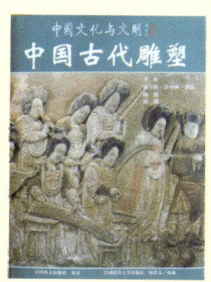 

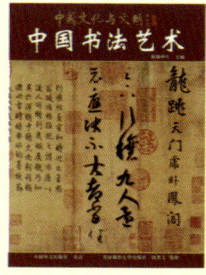 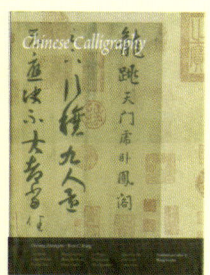  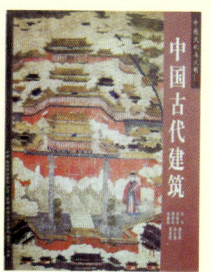

书　　名:《中国文化与文明》系列丛书
作　　者:中外专家学者
出　版　社:中国外文局(中国国际出版集团);耶鲁大学出版社
出版时间:1997年首卷问世
出版文版:中文简体、中文繁体、英文、法文、韩文等

【案例概述】

中国外文局（中国国际出版集团）与耶鲁大学出版社合作出版的《中国文化与文明》丛书项目始于1990年，是迄今为止中美之间最大的合作出版项目，也是中外图书出版合作史上的一大创举，在中美政界、文化界、学术界颇受重视。作者来自国内外，均为每一领域的国际知名专家，从选题制定到文字的落实，采用双方共同组织运作的模式，考虑中外读者的不同需求。丛书既反映了国内图书出版的最高学术水准，又使国外读者能够通俗易懂地了解中国文化的奥秘。

《中国文化与文明》丛书分中国文化图册、中国哲学名著和中国古典文学三个系列。截至2009年，已陆续出版了《中国绘画三千年》、《中国古代建筑》、《中国古典哲学概念范畴要论》、《中论》、《中国文明的形成》、《中国古代雕塑》、《中国书法艺术》和《中国陶瓷艺术》。

出版后的丛书连续数年在法兰克福国际书展上展出，获得各国出版商、发行商的关注和高度评价。丛书中的《中国绘画三千年》、《中国古代建筑》、《中国古代雕塑》曾分别作为两代国家领导人江泽民、胡锦涛的特别礼物，赠送给美国官员、乔治·布什总统图书馆和耶鲁大学；《中国绘画三千年》1997年获美国出版商协会的霍金斯奖，至今已出版了中文简体、繁体、英、法、韩文5个版本，发行量达10万余册；《中国古代建筑》2005年获中国国家图书奖，2008年被美国大学出版社协会评选为"大学出版社最佳之最佳图书奖：应知和必读的一本好书"；《中国书法艺术》获2008年度美国出版商协会学术出版部颁发的人文学科卓越杰出图书奖、艺术和艺术史类最佳图书奖两项荣誉奖。

【案例评析】

合作与创作，和同与和美
——《中国文化与文明》丛书合作成果献礼

张泰平

《中国文化与文明》丛书是中外图书合作史上的一大创举，也是史无前例的一套大型合作学术创作。这套丛书是中国国际出版集团与美国耶鲁大学双方合作、由中外各学术领域的权威学者执笔共同创作，追求共同的目标，以期达到学术界完善与完美的境界。一本著作完成之后，以中文和英文在中国与美国同时出版、发行。

《中国文化与文明》丛书包涵的题材广泛，当题目拟定之后，中、美双方学者藉着会谈、专访以及书信的来往相互切磋、商讨，双方合作无间，兼筹并顾。中、西方学者研究的方式以及治学方法有所不同，不但为中、外读者开拓了学术研究的领域，同时也为读者提供了不同的研究视角和路线。书中图文并茂，不但采用国内博物馆收藏的精品，同时也大量采用西方博物馆珍藏的中国文物。不论是陶瓷、雕塑，或是书法、绘画等，均给中、外读者提供了难得一见中国珍贵文物的真面目。

呈现文物的真面目，要使中、外读者能够同时欣赏中国文物的精华，总是要先经过文字的转换，换言之，就是翻译的过程。翻译本身就是一种再创作的路程，在这路程上，路障连连，充满了挑战：在翻译引经据典的学术著作时，如何寻找专业性的术语，配合学术性的讨论，引证古今中外学术研究的成果，这些都是面临挑战的难题。而在双方意见分歧时，如何条缕出新头绪，如何提出新论证，如何处理新资料，如何解决新争论，如何补充新发现等等，也遭遇了种种的困扰和困难。研究古老的题材和文献，当新发掘的资料和证据公布时，也为老题材和古文献注入了新生命，也为学术研究带来了新喜悦。

学术成果带来的新喜悦，同时也带来了出版界的新荣誉。自从1991年双方签订合同开始，彼此合作无间，异中求同，成果和谐和美。到目前为止，共出版了中英文版的《中国绘画三千年》（Three Thousand Years of Chinese Painting）、《中国古代建筑》（Chinese Architecture）、《中国文明的形成》（Formation of Chinese Civilization – An Archaeological Perspective）、《中论》（Balanced Discourses）、《中国古典哲学概念范畴要论》（Key Concepts in Chinese Philosophy）、《中国古代雕塑》（Chinese Sculpture）、《中国书法艺术》（Chinese Calligraphy）和《中国陶瓷艺术》（Chinese Ceramics）。另外，《中国丝绸艺术》（Chinese Textiles）不久也将出版。《中国绘画三千年》英文版荣获1997年美国出版商协会专业及学术出版部颁发的霍金斯最佳艺术图书奖。《中国古代雕塑》英文版荣获2008年美国大学出版社协会颁发的"大学出版社最佳之最佳图书奖：应知和必读的一本好书"。而《中国书法艺术》英文版荣获2009年美国出版商协会颁发的两项杰出荣誉奖：一是人文学科卓越杰出奖，一是艺术和艺术史类最佳图书奖。图书奖代表的是认可与鼓励，认可学术研究的成果，鼓励参与的学者能够继续不断地努力，使这套丛书的内容和质量能够达到更高的学术水准。目前所出版的这套丛书中，已有数本是美国大学亚洲艺术系研习中国艺术史必读的教科书。美国学术界对这套丛书的重视和评价，增加了我们更上层楼的动力与决心，尽心尽力、尽善尽美，当是日后继续努力达成的目标。

张泰平：耶鲁大学出版社《中国文化与文明》丛书执行总编辑。

跨越大洋的合作

黄友义　廖　频

2009年2月5日，美国出版商协会学术出版部公布：中国外文出版社和美国耶鲁大学出版社共同编辑出版的《中国文化与文明》丛书《中国书法艺术》卷，获得2008年度人文学科卓越杰出图书奖与最佳艺术和艺术史类图书奖。

美国出版商协会是美国图书出版业全国性的行业协会，共有300多个成员，包括美国商业出版商，以及诸多大学出版社和学术社团，该协会所颁奖项在美国图书出版领域具有重要影响。

实至名归，十几年来众多中外学者和中美编译出版人员历尽辛劳创造出的成果得到了美国出版界的认可，这也意味着中国国际出版集团参与编译制作的出版物终于突破藩篱在美国主流社会占得了一席之地。

这是一项跨越世纪、跨越大洋的合作，其间凝聚了众多人的心力与智慧。

机缘巧合

20世纪80与90年代之交，国际形势发生剧变，外宣图书出版遭遇寒流，发行受阻。其实在此之前眼见国内开放的步伐加快，国外形势变幻莫测，外文局已意识到传统的对外出版发行模式正面临挑战，自20世纪50年代以来外文局在对外宣传中一枝独秀的局面将难以继续保持。然而，猝不及防，寒冬骤至。是束手苦等暖春到来，或是变危机为转机，在疑似无路的境遇中探寻抵达"柳暗花明又一村"的新径？外文局选择了后者。我们不失时机地多方寻求对外宣传的新途径，尝试构建对外出版发行的新模式，希望藉此不仅摆脱当时的困局，更为以后的对外出版发行事业发展拓展一片新天地，使介绍中国和中国传统文化的图书进入国外发行主渠道，让世界真正地了解中国。

恰于此时，大洋彼岸一些倾慕中国文化、对中国友好的有识之士，如时任美中书籍设计社社长的詹姆士·派克、美国耶鲁大学出版社前社长莱登，以及在各高等学府教授中国艺术史的学者、教授，他们意识到人类历史上长期以来之所以相互攻伐，争战不休，大多是由于各自存有差异，彼此陌生，又缺乏沟通，而人们往往对自己不熟悉、不能理解的事物感到恐惧并进而产生对抗情绪。他们还发现，许久以来美国人乃至西方人普遍不了解中国，他们知道的或者说他们自以为知道的关于中国的知识，其实是被歪曲了的、不确切的，许多人对中国的恐惧与对立即由此而生。他们希望有一套符合西方人思考方式、使西方人易于读懂的出版物，将中国悠久而丰富的历史文化及中华民族的精神品质介绍给西方，以增进理解，消除对立。

一群分属于不同国度、具有不同文化背景的人，居然如此心契意合，都想到"以书为媒"搭建理解的桥梁，于是，合作水到渠成。通过外文局的老朋友派克从中穿针引线，于1991年末，外文局与耶鲁大学出版社达成了《中国文化与文明》大型丛书合作协议。丛书分画册、经典和思想史三个子系列。

外文局与耶鲁大学出版社成为合作伙伴绝非偶然，而是各自都看中了对方的优势。美国合作方耶鲁大学出版社是一所学术性出版机构，具有人员稳定、出版内容独立负责、适合长期合作的特点。若追溯历史渊源，耶鲁大学与中国的交往比西方的其他大学更为久远。耶鲁学院1854级毕业生容闳是第一位获得美国学位的中国人；清末朝廷选派的100名出国留学幼童中有20余名到耶鲁就读，后来成为中国铁路之父的詹天佑便是其中之一。中国合作方外文局拥有一批长期从事对外宣传的编、译人员，他们了解西方人的思维方式和阅读习惯，编译加工的书稿能够达到合作的要求。

全新的合作模式

两国出版者跨越大洋、共同制作大型系列丛书面临着诸多困难，双方出版者和编辑们必须找到一种前所未有的方式来共同工作，这种合作方式没有范例可循，只能靠自己创造。在此之前中国的许多出版社，包括外文局属下的多家出版社也曾同国外出版机构进行过合作，但是多采用国内学者撰稿交由国外出版社出版，或由国内外出版社共同出版。国内学者往往由于不了解西方读者观察、思考的方法和阅读习惯，其表述方式使西方读者不易接受，难以达到准确传播中国文化的目的。鉴于此，合作双方确定从选题策划、遴选中外作者、拟定书稿内容和编辑提纲、审稿、定稿、中英文翻译、庋集图片、版面设计，乃至制版印刷都由双方共同组织运作。

每部书稿的选题经专家论证认可之后，双方出版社的编辑征询各方面的意见，选定对该学科有精深造诣的中外学者为撰稿人；然后，邀集中外作者一起讨论编辑提纲；提纲拟定之后，依各人所长分章撰写，写前按各自所需，组织他们到实地考察或往各博物馆观摩藏品；初稿完成后分别译成中文或英文，交换阅读，提出修改意见，反馈给各人增删修改，最后由出版社定稿并经各作者认可。

参与丛书编撰工作的中外学者都是所在学术领域的出类拔萃者，然而让中方作者将自己高深渊博的知识介绍给对中国知之甚少的国外读者实非易事，更何况中国学术界长期以来流行的重考证、鉴定、评论的论述与国外学者立足于艺术史和史实考察、品评艺术现象的方式也大相径庭。而外国学者毕竟置身海外，阐述时难免以点带面，以偏概全。但是双方通过交流、切磋、磨合，终于做到取长补短，求同存异，使共同完成的书稿既具有高度学术性，又能让西方读者易于读懂。

合作伊始，中外学者都曾对这种共同编辑的方式心存疑虑。《中国绘画三千年》的美方作者高居翰先生就是其一，他说："我们当初曾经怀疑过这一计划是否明智。因为要让两位作者来合写一本书已是十分困难，何况这本书要由六位作者来写！更何况还要用两种语言！因此，相互协调的问题令人思之生畏。然而今天这本如此精美且富有权威性的画册表明，我们为它所付出的一切努力都是完全值得的。"丛书首卷出版以后，中方首席作者、时任北京故宫博物院副院长的杨新先生深有感触地说："出版组织者以普通的、门外的西方读者的身份对我们文稿提出的补充意见，往往是我们中方学者熟视无睹的地方，因为我们身在其中，有点儿'不识庐山真面目'。而恰恰是这些地方关系到对艺术史现象的本质与历史的发展变化的叙述，促进了我们对本国艺术的观察与思考。这正应了我们古人所言——'他山之石，可以攻玉'。"

需要跨越的障碍

首先是在观念上，东西方对事物的认识、理解有许多不同。中国人讲历史从元谋人、山顶洞人讲起，外国人就不明白了，他们的哲学思想体系是"上帝创造人说"。中国学者在为自己的书写序时，往往要在最后谦虚地加一句诸如"由于水平有限，谬误在所难免，敬请读者批评指正"这类的话；美国同行则要理直气壮地说"这是迄今为止最具权威性的著作"。因为他们认为，如果你自己知道书中有谬误，为什么不修改完毕再出书？如果连作者都对自己的作品缺乏自信心，怎么能指望读者在茫茫书海中偏偏要购买你这本书？他们并不懂中国文化人的谦恭和含蓄。

其次是时间的协调上。这些国际名人都是忙人，而一本书往往要由好几位作者共同完成。单是把他们从世界各地请到一起开会磋商协作方案，讨论写作内容，互相审读文稿，就需要做大量的协调工作。仅仅协调国内作者的时间已经困难很大了，我们还要跨过大洋，跟美方一起协调与美国、欧洲等地作者见面的时间，很多学者的活动计划两三年前就已经确定。为了一本书，至少要召开两次所有作者都参加的研讨会，组织工作的难度可想而知。经常是美方3位作者从不同的城市赶来北京，来的时间不一样，要见的人员不相同，这都需要出版社自己安排来访作者的行程，协调的工作量之大可想而知。

　　再次是在作者个性的把握和协调上。美国人看起来潇洒，但是学者之间也难免会有门户之见。出版社认为最合适的几个作者，很可能因为他们之间的一些原因不能坐到一起，而对一位作者的选择又经常意外地牵扯到另外的人和另外的事。有的外国学者认为，中国学者写的东西往往是资料的堆砌，缺少社会背景，外国人读起来觉得就事论事，枯燥干瘪，缺乏可读性。还有的美方作者表示很幸运能参与这个项目，但是坚持自己的名字绝不与美方顾问委员会的一些成员出现在同一本书上；有的中方作者则直言不讳地说，不能跟国外某某同写一本书，因为在学术地位和学术观点上差距太大，根本不属于同一个水平。合作方的一些专家还认为，翻译介绍机器齿轮书籍的人必须是个机械师，他们认为连齿轮转动原理都不懂的人，如何能把道理讲清呢？因此，他们要求翻译中国文化某一类书的人必须首先是这个领域的学术专家。他们甚至认为，要翻译佛学的书，就应该遁入空门。这些看法在某种程度上说不无道理，可我们中国没有严格的分门别类的翻译人才，各个学术领域里真正的专家中难寻善于中译英的人士。有的外国学者不认同我们中国的国情，在合作中，他们会发表谁具有翻译资格、谁没有资格的看法，有时还坚持己见。

　　对于出版社来说，既需要作者的参与，又离不开顾问委员会每一个成员的支持，被迫夹在这种矛盾之中。但种种协调和努力都是有意义的，比如我们中国的专家在处理书法方面的内容时，会把国外出版的外国人写中国书法方面的书先阅览一遍，由此掌握了一般外国读者有关这一主题的知识面和兴趣点。如果没有编译经验丰富的专家"出山"翻译我们这本《中国书法艺术》，由此掌握了外国人的兴趣点，一般的翻译连从哪里找线索可能都会感到困难。

无论如何，经过双方的种种努力，一支又一支的写作队伍建立起来了。我国知名学者如张岱年、冯先铭、杨新、邓绍基、徐苹芳、傅熹年、李知宴、李松、何兆武、欧阳中石等作为不同选题的首席作者挑起了重任。著名美国学者如张光直、高居翰、班宗华、屈志仁、曾佑和、艾兰、夏南悉、巫鸿、康大维、何恩之、雷敦和等加入进来了。后来，连美国前总统老布什、前国务卿基辛格、联合国副秘书长约瑟夫·里德，中国的前领导人黄华、荣毅仁的名字都出现在合作双方的支持行列中，内行人看了这份作者名单无不赞叹。

两种文化的磨合

国内外作者各有其优势，也各有局限性。因为写的是中国文化的某一个方面，中国学者自然占有优势地位，国外的一流学者造诣再深，一般来说，也难以与中国学者比肩，但他们知道怎样把一个深奥严肃的中国选题，以西方读者乐于接受的方式介绍给他们。应该说，外国作者是中国文化与外国读者之间的桥梁。中国学者虽然学富五车，但在与外国普通读者的沟通上有时又有相当的局限性。

实事求是地说，双方学者之间的很多意见与分歧都事出有因，需要解释与沟通。一位著名美国学者在审读中方作者的稿件时，对铁器的发明给人类社会带来巨大进步的论述，竟然表示无法理解，后经中方编辑解释，才逐步明白火的发明、铁器的出现与整个社会发展的关系。西藏的班禅明明在中国享有其特定的宗教及社会地位，美方作者却认为，班禅隶属达赖领导。在讨论到中华人民共和国成立以来中国传统文化的继承和发展时，有的西方作者竟然片面地认为，中国的传统文化没有发展，只有破坏。

在设计图书版式时，双方文化背景的差异导致的冲突就更多了。如在决定一幅插图是采用局部还是放大成跨页图时，中外双方审美观不同，拿出来的设计样往往有天壤之别。如果先交给美方设计版式，则有时会张冠李戴、前后颠倒，照片用反、用错的现象更是家常便饭。可是如果用中文稿先行设计，由于中文占的版面小而西方文字占的版面多，中文稿版面放进去恰好，英文就放不进去了。

一本重要著作没有索引和参考书目在西方是不可想象的，甚至一本书不止一个索引，可是按照我国出版的传统，虽然脚注常见，可有几本书是一定要做索引和列出长长参考书目的呢？

无论是一些学者之间的"文人相轻"，还是学术观点的不同；无论是出版传统差异，还是运作模式不同，每一本书从策划到出版都会遇到问题并冲突不断。然而，合作的过程就是两种文化磨合和融合的过程。

合力打造精品

分属两国出版机构、素未谋面的工作人员分别在北京和纽黑文为这套丛书而共同工作，这是世界出版业中独一无二的工作方式。编辑丛书首卷《中国绘画三千年》时网络尚未联通，讨论编辑、出版中的有关事宜只能靠传真，稿件则用国际快递传送。书稿编定，仅中方收到的传真就达1000多份，数千页；至于互相传递的稿件何止等身。

丛书编辑出版规划要求，画册系列每卷文字30-40万，图300-500幅，中英文版同时推出。因此，中外作者分别用中英文撰写的文稿必须进行对译，既为了互相审阅，也供出版之需。译者皆是经慎重选择而约请的，都是中英文俱佳且对中国艺术有所了解的翻译家。尽管如此，译稿仍难合乎出版要求。双方编辑须花费大量的精力对这些译稿进行编辑加工，对照原稿逐句推敲，字斟句酌，力求使译文既准确地表达原意，而且做到选词择句皆雅，使之与这套丛书的定位相匹配。对于书稿中引用的资料、引文、年代和每条注释的出处、要素都一一核查、修正、补遗。双方的编辑都有一个共同的想法：绝不能因自己的疏忽而给这套书留下令人遗憾的瑕疵。

凭借中外合作出版的优势，画册所刊用的图片得以从国内和世界各国的文博机构择优而选。双方的编辑千方百计选用直接摄自实物和原作的图片，以保证图版的印制质量。

为了使丛书各卷中英文的外观和内页总体风格一致，同时也为了节省制版费用，采取只制一套图版，然后分别套印中英文的方法。制作多文版的图书本是外文局编辑、美编的长项，但这套书由于是异地运作，所以颇费周折。版式往往要经过反复调整，每一个细微末节都要得到双方的认同，直到大家满意、中英文版都合宜。

丛书各卷均由中华商务联合印刷有限公司（厂址分设香港、深圳）印制，纸张、用料皆有统一要求，质量且都上乘。印制时双方各派专人前往，分别监印中英文版，以求万无一失。

《中国文化与文明》丛书画册系列已出版五卷，另有《中论》、《中国古典哲学概念范畴要论》等也已出版。出版后在国内外取得良好的效应。

1997年秋，丛书首卷《中国绘画三千年》出版时，正值江泽民主席访美，即以此书中文版作为礼品赠予美国政府官员和他寓居美国的老师顾毓琇。2002年10月25日，江主席来到了新落成的德克萨斯州的乔治·布什图书馆。江主席带去的礼品中又包括中、英文各一册《中国古代建筑》精美画册。该卷的法文和中文繁体字版权分别为法国和中国台湾的出版社购得。该书出版当年在美国荣获"霍金斯出版奖"。

《中国古代雕塑》中文版一出版即被选为胡锦涛主席赠给耶鲁大学的书籍之一。赠书仪式上胡主席还特意介绍说："这是中国外文出版社和耶鲁大学出版社合作出版的。"这本书还成为老布什总统图书馆的藏品。

《中国书法艺术》在获美国两项图书大奖之前还入选新闻出版总署第二届"三个一百"原创图书出版工程。

2008年，由于丛书所秉承的"增进理解，传播文化"的理念，而获得奥委会休战基金委员会颁发的奖项。

黄友义：中国外文局副局长、总编辑，《中国文化与文明》丛书总协调人。

廖频：外文出版社编审，《中国文化与文明》丛书《中国绘画三千年》、《中国古代雕塑》等卷责任编辑。

翻译工作中的编辑思考
——漫谈编译《中国书法艺术》书稿的点滴体会

汪有芬

翻译不同类型的著作应有不同的准则和尺度。除经典著作和官方文件等少数类型的文字外,很多著作译成另一种文字都不单纯是一个翻译问题。由于外国读者和我们有着不同的文化背景、思维方式和文字表达习惯,因此,对原著进行编辑加工往往是必不可少的。黄仁宇教授广为人知的著作《万历十五年》最初是用英文写成的,但在该书用中文出版时,他在不少地方作了编辑加工。即使像张岱年教授所著的《中国古典哲学概念范畴要论》这样学术性很强的著作,雷敦(Edmund Ryden)博士将其译成英文时,在作者的同意下,也对原著作讨论的六十四个中国古典哲学概念的排列次序重新作了调整,并在每一节前,加上一个简短的引言说明。

以上两个例子表明,一个译者所应做的,固然首先是准确传递作者原著中的信息。但为了有效地与读者沟通,他不应简单、机械地把一种文字变成另一种文字,而是应想方设法帮助文化背景不同、使用另一种文字的读者更好地理解作者的原意。在书出版前,译者很可能是能用接近外国读者眼光看原著的第一人，而且为了翻译，他必须看得很仔细、很认真。他应该比其他人更能对原著提出批评和修改建议。如果他是个有编辑写作经验的人，在有关方面的同意下，也应以某种方式参与编辑工作，帮助改进原著，使其更适合国外读者的需求。与此同时，他应在忠实于原著的前提下，努力增强译文的可读性，使之读起来不吃力，如果原著写得好，甚至能使阅读译本变成一种享受。

出版介绍中国历史文化等基本情况的书籍，是我国对外文化交流的重要内容之一。我个人认为，这类书籍特别需要译者在工作中多做一些编辑思考，以更适应对外交流的要求。这里我仅谈一点参加编译《中国书法艺术》一书时在这方面的粗浅体会。

《中国书法艺术》是中国国际出版集团和美国耶鲁大学出版社合作出版的《中国文化与文明》系列丛书中的一部。中文版于2007年秋出版，英文版在2008年北京奥运会前出版。美方对此书的评价颇高，把它作为一本重点书来出版。美国普林斯顿大学中国艺术史教授谢伯柯（Jerome Silbergeld）看了英文稿以后写道："'权威'一词不可轻言，但这本书无疑是当今关于中国书法艺术的权威论述。"

主编本书的是中国文史馆馆员、首都师范大学欧阳中石教授。除《序言》（Prologue）和《中国书法在西方》（Chinese Calligraphy Meets the West）由欧美学者用英文写作外，其他各篇由十几位国内书法界知名的专家学者撰稿。

这类介绍中国历史和文化的书籍，我认为应力求做到雅俗共赏。具体拿这部书来说，既要满足国外研究中国艺术史的专家学者的需要，又要吸引对中国文化艺术感兴趣、受过高等教育的一般西方读者，包括部分大学生。为此，我所遵循的原则是，在保持原著学术性、权威性的前提下，在做好翻译工作的同时，多做一些编辑思考，争取在主编和作者的指导下，推出一个比较满意的英文译本，以适应国外的需求。我主要在以下几个方面作过一些努力。

注意适当交代背景

首先，这本书主要是介绍中国书法发展的历史，除了《引论》、《汉字的艺术性质》、《古代书论概述》等少数几篇外，基本上是按朝代和时期的顺序来写的。既是历史，从古到今，就需简要地把各个朝代和时期的历史演变交代清楚。西方读者，除少数专家学者外，对中国历史知之甚少，而各章又是分别由不同作者执笔的，很难做到让读者对中国书法几千年的历史演变有一个清楚的、前后连贯的轮廓概念。译者在这方面充当了编者，补充和改写了大部分篇章的开头部分，这一努力得到叶培贵教授的支持。

一些著名的商周青铜器铭文，是中国古代早期的书法代表作，当然应该着重从书法艺术发展的角度来论述，但也不应忽略适当的背景介绍。例如，一些青铜器铭文的标题，如果仅从字面上翻译，往往对读者意义不大，这样的文字多了，读者就不愿看下去。如果在译文中能交代一下背景，效果就会不一样。如西周晚期的《散氏盘铭》，我译成 San Ends Discord with Neighboring State。文章里也简单交代：此铭文记载了散氏和另一小国划分有争议的田界的事。又如商代晚期的《宰甫卣铭》，译成 A Bestowal on the Royal Housekeeper，文中加了一小段话，大意是说：铭文记录了商王在一次狩猎中给名叫甫的王室管家赏赐作器的经过。（类似这些建议，后来也被中文版采用。）文章中介绍的其他青铜器的铭文作品，也都分别按照铭文的内容，拟出了英文题目。至于原文中的卣铭、鼎铭、盘铭等词，因在文章和图片里都已交代，就没有再在译文中出现。

碑刻、简牍书和其他形式的古代书法作品中有时也存在同样的问题。如西汉的《王杖诏书令简》，我发现是无法简单按字面翻译而让人看懂的，首先是王杖的含义不明，其次是原题并未表明王杖和诏书令的关系。我在查看资料弄明白后，译成 Imperial Edictson Bestowing Walking Sticks to the Aged，而且在译文中加了几句解释性文字，大意是皇帝颁发诏书令，赐给老年人拐杖。诏书中还有尊敬和优待老人的一些规定，这是中国最早的敬老和保护老人权益的法令。我想这种处理既有助于读者的理解，提高其欣赏中国书法作品的兴趣，也有助于他们了解书法背后的中国传统文化。

有一些国内熟悉的历史事件和词汇，对许多外国读者来说是陌生的。例如，《二十世纪中国书法》一章中谈到，在20世纪初"新文化运动"中，书法受到冲击甚至是严峻的考验。中文版面对的是国内读者，"新文化运动"只需一笔带过，但对一般英语读者，则需作一点解释才能使其对原文有清晰的理解。

拉近读者和图书的距离

一是用增加注解、图表和其他方法，增强他们的理解和提高阅读兴趣。例如，第五章中介绍了姜夔的《落水本兰亭序跋》。我在请教叶教授后，建议给"落水本兰亭序"加一个注。他后来加的这个注全文如下："落水本是《兰亭序》的一种拓本，因南宋时赵孟坚在落水时不顾自身安危，却手举《兰亭序》大呼'兰亭在此'而得名。"这个短短的注不仅解释了什么叫"落水本兰亭序"，而且生动地说明了书法在中国人、特别是古人心目中的崇高地位。另一个类似的例子是，第一章《汉字的艺术素质》的作者王世徵教授，在我的建议下，加了这样一段话："中国人有着'敬惜字纸'的传统习惯，老一代人从不随意丢弃、糟蹋字纸。以这样的态度为基础，中国人在书写汉字时，对它进行特别的艺术加工，便也是很自然的事。"另外，为了帮助读者理解汉字的结构，我向他提出建议，在文内增加一整页说明汉字各种结构类型的图表。直观的图表使复杂的汉字结构变得清晰而有规律，也易于激发外国读者对汉字和书法的兴趣。

二是针对国外关注的问题，增加一些他们感兴趣的内容。如国外对当代中国书法界各种流派和发展趋势比较关心；中国某些现代派的艺术家，他们的书法接近西方的抽象派艺术，这类作品也曾在国外展出；对这种艺术的发展前景国内书法界有何看法；等等。在我的建议下，《二十世纪的中国书法》一章在文章的最后加了几段论述这些问题的文字。这一增补也有助于增强本书的时代感。

三是向西方读者介绍他们能就近看得到、摸得着的中国书法艺术。在工作过程中，美方执行总编辑张泰平女士给我看了一份波士顿大学中国艺术史副教授白谦慎在国内的讲演稿，内容是介绍美国研究、收藏、展出、出版中国书法作品，传播中国书法艺术的情况。在此之前，我早想这部书应有一篇文章来介绍中国书法在北美和欧洲的情况，曾和张女士一起做过一些努力但没有成功。白教授这篇讲演稿为此提供了很好的基础。后来德国劳悟达教授、美国邵伟克博士也参与了撰稿，大大充实了中国书法在欧洲的部分，终于成功地写出了《中国书法在西方》一章。它一下子缩短了中国书法与西方读者的距离，并为国内的书法爱好者打开了一扇新的视窗。

四是为了减少阅读困难，对原著中无关宏旨的细节（如书法家鲜为人知的字号，某些简历中的官职等）在译文中省略。原来书中每章最后一节是介绍这一时期书法理论的发展情况。我认为这样做难免论点相互重叠而又难以深入和系统化，也会造成阅读上的困难。主编接受了我的意见，请丛文俊教授单独写了一篇《中国古代书论概述》，这也是本书较有特色的一章。

恰当解决翻译难点问题

书法中不少专业名词，如各种笔画和字体，以及部分著名法帖，国外有通用的英文译法，大多数译得很好，我都尽量采用，并佩服和感激这些译者。但本书中大部分书法作品名称，却没有看到现成的译法。如何使翻译既忠实于原文，又能让读者理解，成为翻译中的一个难点。

自汉代以来，特别是魏晋南北朝以来的书法作品题名，除了一部分点题的以外，很多都是以作品中两三个字或更多几个字命名的。点题的题名一般比较容易处理，意译就行了。但有些作品名称含义并不很清楚，如著名的三国时期的《天发神谶碑》，译成Stele on a Heavenly

Augury, 西晋时期的《三临辟雍碑》，译成 Three Audiences Given at the Imperial Academy, 都需研究有关材料弄懂原委后才能下笔。

　　有些书法作品虽然点题，但文字非常简短。如果望文生义，极易造成错译。如王羲之著名的《姨母帖》，国外有的书译成 Letter to My Aunt, 显然是由于没有研究作品内容而造成的错误（本书译成 Letter Deploring the Death of My Aunt）。另有些题名如仅按字面翻译，读者会不知所云，这种情况就需要根据作品内容加以补充。如南宋张孝祥的《柴沟帖》，柴沟是一地名，如果照译便毫无意义。我是根据这一作品的内容和写作背景，把题名译成 Friend Arriving at Chaigou, 至少有了清晰的含义。

　　上面这类译名都比原题多增添了一些内容。还有一类书法作品，由于种种原因，不宜按原题翻译。如汉代的砖刻《公羊传砖》。《公羊传》的英文译名是 Gongyang Commentary on the Spring and Autumn Annals, 文字已很长。如果紧跟原题，此前还要加上 Brick with Text from 等字样，题名太长。用于考古学著作也许是恰当的，因为它是科学，要求精确。但这里是谈书法艺术，不必拘泥于原题，否则不像艺术作品的标题，也易造成阅读障碍。因此我把它译成 Brick Inscribed with Classical Text. 另外，也曾碰到个别书法作品，很难找到恰当的英文译名，只能用汉语拼音作题名，在拼音后作点解释。

　　以作品中少数字命名的法帖，相当大一部分为古人信札。即使从中能看出是给某某人的信，也不能图省事，一律译成 Letter to So-and-So. 这样不仅单调重复，而且相互之间难以分辨。有的信札有主题，如南宋虞允文的《适造帖》，便是给友人送礼祝寿的，可译为 Letter with

Birthday Gifts。但许多信札，或属于礼尚往来，或内容庞杂而无主题，题名也无特殊含义。这类情况只好根据信札的特点或部分内容，给一个译名。如南宋魏了翁的《文向帖》是作者给亲家写的一封长信，我给的译名是 Long Lettertoa Close Relative。古代的文字，今人不一定都能看懂。比较晦涩的题名，只好在研究了内容后，才能提出一个比较可行的译法。

与翻译法帖名相似的是某些古书名和篇章名的翻译，它们言简意赅，短短几个字包含了丰富的内涵。这也是我翻译本书包括大量注释所遇到的难题。此时才悔恨自己读古书太少，国学基础太差。如《唐会要》，过去没有接触过，只好查一些参考资料弄懂所云才敢动笔，译成 Laws and Institutions of the Tang Dynasty。类似这方面的问题请教叶教授颇多。有些古书名的英文译名，我还得益于美国科学院院士、著名汉学家康达维（David R. Knechtges）的赐教。如《鲁诗》译成 Lu Version of the Classic of Songs，就是他建议的。至于篇章名的翻译，可举隋代智果的《心成颂》为例。我原来按字面理解译成 In Praise of the Working Mind，感到还有点味道。但后来仍觉这种译解没把握，因从文章本身看不出作者如此命名的含义。最后还是根据其内容译成 Hints on Calligraphic Execution。尽管表面上似乎离原题较远，又没有什么味道，但符合原文内容，便于读者理解，自己也感到放心。

坦率地说，在我国熟悉东西方文化、熟练掌握中英文（或另一种西方主要文字）的新一代专家学者还没有成批涌现以前，我们为中西文化交流编写的许多书籍还不可能完全适应对外的要求。而像我这样从事英文编译写作多年的人，因缺乏专家学者必备的专业知识和素养，也只能起从旁协助的作用。因此我认为,在目前的条件下,加强作者、编者、译者的合作,恐怕是提高对外书籍质量的比较可行的最佳途径。

汪有芬:北京周报社原社长兼总编辑,《中国书法艺术》翻译和特邀编审。

案例二:《中国读本》

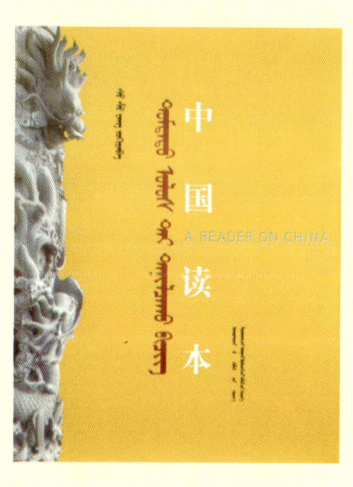

书　　名:《中国读本》
作　　者:苏叔阳
出　版　社:辽宁教育出版社
出版时间:1998年(中文版);2005—2007年(其他文版)
出版文版:中文简体、中文繁体、蒙文、哈萨克文、维吾尔文、
　　　　　朝鲜文、英文、德文、俄文、阿拉伯文等

【案例概述】

《中国读本》由辽宁出版集团所属的辽宁教育出版社出版。著名学者苏叔阳以简洁流畅的诗性文字,全面介绍了中国历史、自然概貌、民族繁衍、文化形成、发明创造、科技典藏、生活风情等诸多方面的基本知识,以及新中国在各个领域取得的辉煌成就。作者深厚的历史文化功底和文学修养,奠定了图书的内容质量和市场生命力。在走向海外市场中,作者对《中国读本》多次修改,实行内容创新,在叙述中国大事时,与国外发生的同时期的著名事件相比较,使西方人更容易接受,实现了东西方的时空对接、文化对接和情感对接。

《中国读本》在出版的两年时间内,在大陆的发行量超过1000万册,并荣获中宣部"五个一工程"奖、中国国家图书奖。在国际著名出版机构贝塔斯曼的合作与推荐下,《中国读本》进入西方主流图书市场。由民族出版社翻译出版的朝文、哈萨克文和维吾尔文等少数民族文字版,也在周边国家流通。2007年,黎巴嫩科学出版社购买了阿拉伯文版的版权。韩国、蒙古国的出版社也已签订了输出版权的意向书。

【案例评析】

《中国读本》"走出去"的十点启示

俞晓群

说到《中国读本》,略微知情的人,一定会想到那一段辉煌的往事。人们可能会问:《中国读本》作为一本面向国内青少年的教育读物,为什么会在中国文化"走出去"的浪潮中取得这样的成功呢?总结起来,有十点启示值得我们记录。在这里,前五点是对《中国读本》"走出去"的一些经验归纳;后五点是由此引发的对于中国文化"走出去"的一些思考。

《中国读本》"走出去"的五个要素

优秀的作者

出版人都清楚,一本书的成功与否,作者是最关键的因素之一。《中国读本》能够成为一本畅销书,并且在"走出去"的工作中取得成效,应该说它的作者苏叔阳先生当属头功。对此,我总结出五项因素:其一是他作家兼历史学专家的知识背景,这一点决定了他写作的可行性与客观性；其二是他对于祖国无限的忠诚与热爱，这一点决定了他创作此书的"正面与主流化阐释"的品质；其三是他的人生态度，在今天极端商业化如此甚嚣尘上的时候，苏先生始终冷静地强调，在名与利的面前，他更看重前者，他的"名"是在国家利益的名义下，努力完成着自己一生的文化理想的追求；其四是他的"文化自觉"，他始终站在历史与文化传承的高度审视现实社会的变迁，他鄙视哗众取宠或迎合世俗的标新立异，他不回避"现实政治"与时代精神，在"守正出新"的旗帜下，他表现出一个文化智者的坚定信念；其五是他雄厚的文化内蕴与丰富的人生阅历，再辅以他天赋的才智、优雅的风度，这些都使他能够在国际化、全球化的舞台上挥洒自如，为我们的民族、我们的国家争得荣誉。

在《中国读本》走入国际市场的几年间，苏叔阳先生虽然身体不好，且事务繁忙，但是他不辞辛劳，两次参加法兰克福书展，一次参加莫斯科书展，在国内外拜会了许多外国人，参加了许多围绕着《中国读本》的推介会，接受过多次外国主流媒体的采访。比如，在法兰克福，他在具有标志性意义的蓝色沙发上接受德国电视台的采访，并在德国直播；在莫斯科，他接受俄国电视台的现场采访等等。作为一个出版人，能够拥有这样的作者，我们当然会感到幸运，我们当然应该向他致以崇高的敬意。

出色的策划

回顾起来，《中国读本》走向世界亦非偶然。记得在2000年前后，《中国读本》在国内畅销时，此书的总策划、时任中宣部出版局局长的张小影女士就提出，由于有苏先生执笔，这部书稿的内容生动丰富，不同于一般的青少年教育读物,因此,它也应该适合于外国人的阅读。为此,张小影首先向香港推荐了此书,希望他们出版繁体字版本;结果香港三联书店看中了这个项目,并且把它列入学生的推荐读物。同时,张小影还组织了《中国读本》的英文翻译工作,这些都为后来《中国读本》走出去打下了基础。

到了2004年,当我们开始全面启动中国文化"走出去"战略的时候,针对《中国读本》海外推广的工作,张小影领着我们在北京开了几次会议,确定了几项重要的工作:首先是结合国内形势的变化,以及我国文化"走出去"的战略方针,请苏叔阳先生重新修改《中国读本》。其次是确定了修改《中国读本》的基本原则,实现中西文化的"三个对接",即所谓时空对接、文化对接和情感对接。比如,当我们阐释中国文化中的一件事情的时候,要讲清楚当时西方的文化编年与地理状况;还要在比较文化的意义上,找到它们的异同与结点;在理解的基础上,努力实现人类文化情感的认同。另外,我们还确定了以《中国读本》为核心,实现"一本书,多语种"的奋斗目标。应该说,《中国读本》能够获得第二次生命,这一段出版策划起到了奠基性的作用。

多方的合作

前面说到,在短短的三年时间里,《中国读本》竟然有10多种文字版本产生出来。对此,除了我们有优秀的作者与出色的策划之外,还有一个重要的因素,那就是多方的合作。首先是上海新闻出版发展公司,他们"走出去"的工作起步很早,作法也很有特色。他们在国内广泛地挑选适合"走出去"的优秀作品,组织翻译,统一设计,制作成品书,再向国外供货。《中国读本》也被选入他们的套书之中。实言之，他们精美的制作对我们后来的工作起到了很好的开拓作用。最初，我们正是拿着上海新闻出版发展公司印制的英文版《中国读本》，向德国贝塔斯曼全球书友会推荐；德国人拿着英文版的样书，在他们的全球书友会的经理年会上展示，并且订购了英文版，还拟定了德文版、俄文版《中国读本》的出版。

其次，就是德国贝塔斯曼公司的鼎力合作了。从销售英文版《中国读本》起始，他们一直支持我们出版德文版的工作，帮助我们请到德国驻上海总领事馆的总领事夫人凯茜女士。她是在中国读的博士学位，专攻中国文化，说着一口流利的汉语。凯茜用两个月的时间将《中国读本》译成德文；德国书友会又用了一年的时间，在德国编辑加工此书，从封面、版式、插图，一直到印制成书，完全是在德国完成的。书中的许多资料都是在德国找到的，比如许多中国文化的插图，我们都从未见过。

接着，他们的俄语、西班牙语、意大利语、法语等书友会也对《中国读本》表示了极大的兴趣。2007年是俄罗斯的"中国文化年"，俄语书友会用了三个多月的时间就把俄文版《中国读本》精装本制作出来了，在莫斯科书展上举行了新书发布会。

最后，还有一个最重要的合作伙伴，那就是我国的民族出版社。2005年，他们正式来函，提出翻译和编辑多文种《中国读本》的计划，并且说到做到，他们组织社内外专家学者一起上阵，在最短的时间内，完成了艰苦的翻译工作。在2007年9月北京国际图书博览会期间，他们准时拿出了5种文字《中国读本》的精美样本，真让我们感动。据说在印制的过程中，民族出版社社长禹宾熙先生亲自监督，要求一定要与其他文字版本的《中国读本》达到同一标准。他们还发挥出版社的国际化优势，与韩、蒙等周边国家的出版商联系，为《中国读本》"走出去"做出了重要贡献。日前，民族出版社的出色工作也获得了政府的肯定，并得到少数民族文字出版的重点资助。

高质的翻译

可以肯定地说，一本书能否真正地进入外国图书市场，翻译的质量问题至关重要。在《中国读本》的多语种翻译工作中，我们这个方面的体会十分深刻，有许多经验值得总结。

英文版《中国读本》是国内译者翻译的，请外国人审读。记得我们将此书推荐给贝塔斯曼全球英语书友会时，他们经过认真翻阅，提出了几个问题，有翻译的文采问题，译者的英文语言不够生动；有内容中的文化冲突、文化理解等问题，比如说"自古以来，中国人好吃，西方人好性"，他们就不承认。他们说，在西方，这本《中国读本》很有销售潜质，关键是我们如何联手，认真做好内容的翻译工作。在全世界，他们的英语书友会有1000多万会员，他们每年向这些会员推荐新书时，往往都是选出一些样本，在此基础上，做写作上的修改和翻译上的加工，然后推出"俱乐部版"。

德文版《中国读本》在操作时，总结了英文版的经验，直接请德国人翻译，结果省时省力，一次达到德国书友会的要求，交稿后没有反复，由德方顺利地印制成书。在2007年的法兰克福书展上，贝塔斯曼总部还将这部书作为礼品，向各方嘉宾赠送。

俄文版《中国读本》在操作时，由于有了英文与德文版本的参照，俄语书友会没有再请我们找翻译，他们自己就完成了全套的出版工作。

我们在与民族出版社的接触中，也学到了有关少数民族文字翻译的不少东西。比如，国内蒙古族的文字与蒙古国的文字有差异，所以蒙文版不能直接"走出去"，还需要再加工。朝文、哈萨克文和维吾尔文等文本，大都可以在周边国家找到读者，使我们的翻译工作起到"一箭双雕"的作用。这也是"走出去"的一项重要工作和路径。

畅通的渠道

《中国读本》"走出去"，走的是市场化、商业化的路子，它显然不同于国家投资、政府赠送之类的文化输出活动。要想实现我们的目标，出版与发行渠道的建设是十分重要的。首先要选择一家外国出版社出版，我们选择了贝塔斯曼；其次要确定它的发行渠道，由于贝塔斯曼的优势就是物流，它的书友会遍布世界，最适合多语种图书的开发，并且它发行的触角直达西方的主流社会，这些都是《中国读本》真正实现进入西方主流社会的重要保证。尤其是贝塔斯曼在西方的巨大影响力，也为《中国读本》进一步走向世界，打下了极好的信誉基础和商业基础，它后来签署的阿拉伯文版等文种，显然是受惠于前期我们与贝塔斯曼的成功合作。所以说，在"走出去"的过程中，渠道的选择是实现图书国际化的一条重要的生命线。

《中国读本》"走出去"的五点思考

定位

我们应该认识到,在国际化、走出去的道路上,尤其是在市场化、商业化的道路上,我们才刚刚起步,只是一个新手或"业余队"。

比如法兰克福书展,它是一年一度的西方文化的盛会。从1949年第一届举办,已经有了超过60年的历史。多么久远的时光啊,其实它真正的源流还要更长,2007年曾任法兰克福书展主席25年之久的彼得·卫浩世先生推出他的著作,题目就是《法兰克福书展600年风华》。书展的源头,甚至可以追溯到古登堡发明活字印刷术时期,它几乎涵盖了西方近现代文明兴起的整个过程。单从时间上看,就足以引起我们的重视和思考。

虽然有全球化的大背景,但历史地看,依然是我们进入了"人家"的文化领地。我参加了数次法兰克福书展,除了新鲜、繁荣、落差之外,我的心里总是嘀咕着:那是西方文明的盛会啊。我们穿着西装,在熙熙攘攘的洋人中钻来钻去,总觉得有些不协调。有时,我会自然地想起《周易·需·上六爻辞》中的那段话:"入于穴,有不速之客三人来;敬之,终吉。"什么叫"敬之,终吉"?就是要尊敬对方,就是要学习,才能获得成功。引进版权需要学习,输出版权更需要学习,学习人家的国际化理念、规则和经验。我们有5000年历史,人家有300年强势,你既然要走出去、走进去,在时间与空间均无优势的情况下,学习、融合、取长补短,就显得尤为重要了。

模式

文化"走出去"并不是一件新鲜的事情,只是我们的时代赋予它许多新的内容。全球化不单是一个商业概念,更是一个文化概念,我国对于这一观念的认识,已经日渐清晰和深刻。我觉得,在操作的层面上,我们应该重视公益性与商业性的模式类分,这里有三个问题需要强调:首先在"走出去"的过程中,有公益性的内容或因素,但商业性的"走出去"是我们目前追求的主要目标;其次我们的出版企业必须清楚,在国际化、商业化的过程中,文化"走出去"并不是被动的附加责任,而是一个受到国家重点关照的行业必须承担的社会责任、文化责任和历史责任;再次,我们尤其需要强调,即使在商业化的意义上,"文化的坚守"也是不可或缺的,这是由我们行业的基本属性所决定的。

除了上述公益性与商业性的模式类分之外,我们还应该在市场化的旗帜下,注意"走出去"的方法与技术性的模式类分。归结起来,目前我国出版界商业性的"走出去"有三种基本模式:

一是自选、自编、自译、自印,有人讽刺其为"自娱自乐"式的"走出去",其实也不尽然,这种做法不但在国际化的初期有作用,将来也有它的生存空间。比如,将这项工作恰当地与政府指令、政府招投标或政府采购等活动结合;或者准确地掌握海外市场的需求;或者最终促成企业跨国经营的实现等等。

二是让外国人来选题目、来订制,我们按照他们的要求来编辑、加工、制作。这样做的正面意义是产品出口有保证,负面意义是由于版权、进出口、关税等诸多因素的制约,我们往往会丧失知识产权、品牌、内容的控制等权力。当然,此种纯商业化的产品,比如跳出中国文化的内容，单纯地追求低成本制作，也不属于我们文化"走出去"的范畴。值得强调的是，类似的模式也发生在其他行业之中，在这个行业由国际化转型走向成熟的过程中，它们往往起着一个过渡性的作用。

三是以版权、版税等传统形式为标志的"走出去"，我觉得这才是我国文化走向世界的正道或曰未来的主流。虽然眼下看，这样的版权输出收益很低，甚至入不敷出，但这不是"模式"本身的错误，而是由中国文化目前在世界上的地位决定的，我们必须坚持在正确的方向上走下去，西方文化大国也是这样走出来的。

需要指出的是，我们目前对于"走出去"的评价机制存在问题，管理者往往套用工业或一般商业的概念，来质问我们"走出去"的结果。比如问："你们的出口额是多少？"出版人大多回答不上来。因为书不是电冰箱，后者出口，只要将插座和相关的制式弄好就行了；可是书呢？它不但千书千面，它还需要翻译。即使是在西方销售上千万册的书，像《哈利·波特》，它的英文版在中国也不过卖几千册。尤其是书的知识产权大多属于作者，有些外国出版商直接从作者手中把书买走了。即使是作者授权我们"代卖"，我们卖版权的收入只能从作者的版税中提取；对于在国际上缺乏畅销品质的中国图书来说，版税大多数都很低，像企鹅为《狼图腾》喊出的价码就几乎见不到。所以有时候我们甚至不忍再与作者分那"一杯羹"，不再抽取那一点微薄的版税了。在这样的背景下，要想以此来衡量"走出去"的成果，当然会让大多数出版人羞于启齿，这正是他们"愿意说输出的品种数，而不愿意说收入"的原因所在，这也正是我上面所说的"我们还处在起步阶段"的根据。

重点

总体而言，"走出去"的图书可以分为两大类，即实用技术类和文化类。前者包括的范围很广，像科学技术、中医中药、传统实用技术等等。现今最热门的图书"汉语学习类"，应该归于哪一类呢？它既有实用性又有文化性，在商业化的评估中，它又有着极为特殊的个性。它就像前些年英语学习类图书一样，应该做单独的评定。我们都清楚地知道，汉语学习类图书的走红，显然与中国的国际地位密切相关。1998年，我曾经在加拿大温哥华搞出版调研，跑了一些大学和当地的出版社，希望搞一套汉语教材。他们说，在加拿大的教育制度中，中文还没有被正式列入外语学科或第二外语学科，也没有完整的考试制度，学生自然就不会选学它。现在不同了，由于中国经济的飞速发展，许多国家都自发地建立了中文学科，孔子学院也如雨后春笋迅速地在世界上遍布开来。我国政府在这方面的资助力度也很大，再加上相关出版社的出色工作，这个门类图书的"走出去"独树一帜，也应该给予个性的评估。

对于文化类图书，在文化"走出去"的初级阶段，我们推出的书目以"文化推介类"的图书居多，在国际市场上的表现也最活跃，像《中国读本》，这也是外国人了解中国的一个入门的过程。但是我总觉得，在文化传播的意义上，"文学类作品"应该成为未来文化"走出去"深入发展的核心。其实改革开放以来，许多作家的作品，久已被翻译成各种文字在海外出版，只是进入主流、成为经典、达到畅销的几乎没有。即使星星点点地有几本，正面的也不多。现在有了企鹅出版公司购买《狼图腾》的案例，算是开了一个头。但是，中国作家整体上的国际形象，需要认真地塑造、严肃地推介。在作品的内容上，我们不必投其所好，或迎合一些外国人的无知和好奇心理，那样的东西一定是短命的；当然，没有一个好的社会环境乃至创作环境，要想出好作品，真是天方夜谭。

　　说到我国文学作品"走出去"的问题，我们尤其要重视翻译问题。在组织《中国读本》翻译的过程中，我们接触了许多相关的中外专家和业内人士，谈到翻译的一些原则意见，诸如：选译者时，最好请母语国家的人担纲；在诸多门类的翻译中，文学类最难译，最好请兼通中西文化的语言学家翻译；在开始翻译之前，最好让作者与译者能有深入的思想交流，这会对翻译工作大有裨益。比如，我们请香港大学教授罗伯特先生翻译散文家王充闾先生的作品集《北方的梦》，罗伯特是伦敦人，他是一位中英文翻译的专家。接受这项工作，他从书名、选文、注释、译序等等，都亲自操作，他把王充闾作为一个学术科目加以研究。再加上罗伯特本身就是一位英语作家，所以此稿译出后，见到样稿，就有贝塔斯曼等多家海外公司提出购买版权。最有趣的是，一家阿拉伯语的出版社看到了文稿的英文清样，立即购买了此书的阿拉伯语版权。

倾向

　　在一段时间里，我们在文化"走出去"的工作中发现一种倾向，那就是我们的工作大多偏重于中国历史的介绍，而忽略了对于现当代中国的介绍。许多外国人说，我一听到你们5000年的文明史就晕了，还是多介绍一些当代中国和中国人的事情吧。国务院新闻办吴伟副局长曾给我讲过一个故事，她说，我国在非洲搞一个图片展览，主持者一会儿讲这是皇袍，一会儿讲那是皇冠，把非洲人闹懵了，他们问："如今你们中国还有皇帝吗？既然没有，为什么总讲这些东西呢？"出现这种情况，显然是我们的工作出现了偏差。2008年在吴伟的策划下，辽宁出版集团推出了英文版的《如何面对中国人》，它的作者是一对所谓"跨国夫妇"，丈夫是美国人，妻子是中国人，他们生活在上海，丈夫在一家外资企业工作。在书中，他们讲了101个故事，由于生活视角的独特与文化背景的巧成，全书的内容真是有趣极了。我们先推出英文版，立即就引起海外许多出版公司极大的兴趣。另外，吴伟还讲过一个故事，有一位外国的国家元首到中国访问，他希望中国政府能给他推荐一本英文版的介绍中国人的名著。我们翻来找去，最后竟然只好把上世纪30年代林语堂的《吾国吾民》送上，这就是我们的现状。为此，我们又找到陈平原先生，请他撰写一本所谓"新时期"的《中国人》。

另外，在与民族出版社的合作中，他们的一点提示也引起了我的注意，那就是对"周边国家"的重视。在以往的工作中，一提到"走出去"，我们的眼睛就会盯向欧美市场，尤其是对西方主流社会最感兴趣。其实在我国的外交政策中，"周边国家"历来是最受重视的，像朝鲜、韩国、越南、印度、巴基斯坦、中亚诸国以及阿拉伯国家等等，他们不但地理位置重要，市场前景也十分广阔，很值得我们研究。

双向

我们还应该看到，"走出去"也是一件双向的工作。你的书走出去了，外国人看了你的书，了解了中国，就会有更多的外国人到中国来。可是我们的全民教育跟上去了吗？我们的公民有多少人了解外事教育的内容？关键是向全民普及外事教育这项工作，应该由谁来完成呢？带着这样的问题，我们请教吴伟副局长，她又请出了大外交家赵启正先生。于是，就有了赵启正著《在同一世界：面对外国人101题》一书的面市。由于北京奥运会和上海世博会，外国人大批涌入中国，我们中国人直接面对外国人，我们的一言一行给他们留下的印象，远比他们看一本书、看一部电影的印象深刻。所以，作为一项国家战略，围绕着文化"走出去"的工作，确实还有许多事情要做。

俞晓群：辽宁教育出版社原社长兼总编辑，辽宁出版集团原副总经理，现任海豚出版社社长。

《中国读本》的幕后故事

王 军

　　一本普通的书籍发行量超过1000万册，这可以说是我国当代商业出版史上的一个奇迹；10年前，一本书在国内风光一时，如今，它又在国外市场占尽风头，同样少之又少。

　　著名学者苏叔阳撰写的《中国读本》以简洁流畅的诗性文字，全面介绍了中国历史、自然概貌、民族繁衍、文化形成、发明创造、科技典藏、生活风情等诸多方面的基本知识，以及新中国在各个领域取得的辉煌成就。两年时间，《中国读本》在大陆的发行量超过1000万册。在作者根据海外读者的阅读习惯进行多次修改后，《中国读本》以中文简体、中文繁体、英、德、俄、蒙古、藏、维吾尔、哈萨克、朝鲜10种文字版本在全世界出版发行，进入西方主流图书市场，而正有越来越多的国外出版商洽谈其他文种版权。

　　改革开放以来，我国一些优秀的文化作品，包括文学类、科普类、纪实类等各种图书在国内出版的同时，也登陆海外图书市场。如果仅从发行量、翻译的版本种类等指标来衡量影响力的话，《中国读本》在海外的影响力是其他当代文艺作品难以匹敌的。一本书何以产生如此的影响力？笔者试图从《中国读本》进入西方市场过程发生的小故事中，寻找可以给我们以借鉴的灵感。

一本险些被遗忘的畅销书

可能许多人并不知道，《中国读本》10年前由辽宁教育出版社出版后，短期内发行量突破1000万册，随后在四五年的时间内被束之高阁。

"1998年，《中国读本》出版轰动一时，大约两三年后，我们觉得它已经完成了历史使命，这本书在出版社内部已很少有人提及，似乎我们已经把它遗忘了。"时任辽宁教育出版社社长的俞晓群说，"2004年，国家提出文化走出去战略，我们突然想起《中国读本》是一个最好的载体。"

尽管俞晓群说《中国读本》好像快被人们遗忘了，但是作为这本书的始策划者与出版者，就像自己的孩子一样，永远也不可能把它遗忘。2004年，中宣部出版局局长张小影，首先启动了《中国读本》英文版的翻译与出版；接着，在辽宁出版集团董事长任慧英的支持下，俞晓群重新启动了《中国读本》的海外出版计划。2005年，辽宁出版集团与德国贝塔斯曼集团合作，将《中国读本》翻译成德文出版，在德国上市，首印3000多册。同时，贝塔斯曼全球书友会又购买了《中国读本》英文版的现货，并数次添货。如此一来，《中国读本》正式打入西方主流图书市场。

点评：质量决定生命力。在俞晓群等人的眼里，《中国读本》是难得的经典之作，尽管很多优秀的专业作家看不上这种"四不像"的作品，但是这本书的高品质决定了它长久不衰的生命力。优秀的创作人员则是保证品质的基础。作为我国著名作家，年近70岁的苏叔阳有着厚实的历史学功底，他排除各种非议，用诗一样的文学语言，把中国5000年文明史淋漓尽致地展现在世人面前。如果作者没有深厚的历史文化功底，没有深厚的文学修养，难以想象，一本书会如此畅销。

如果我们能有更多杰出的作家、历史学家做一些这样的工作，中国将会给世人一个正面的、发展的、全面的、客观的印象。

"读本体"：一种新文体诞生

用15万字的篇幅概括中国5000年的文明史，对任何一个作家来说，都不是一件容易的事。作家苏叔阳却靠一种崭新的文体——读本体，巧妙地解决了这个难题。

"5000年的历史太丰富了，在一本书里不可能面面俱到，苏叔阳把中国历史进行切片，再重新串起来，解答外国人最想了解的东西。"俞晓群如此概括这种新文体。俞晓群更形象地将新文体比喻为：在一大堆珍珠里，选择一些上好珍珠，串成一串项链，它的价值远远大于零散的珍珠。

《中国读本》俏销后，一批模仿此类题材的作品开始在市场上出现，《河北读本》、《安徽读本》陆续上市。俞晓群说，读本体实际上非常难做，它需要作者对历史事件的认识程度达到一定高度，需要作者对文学语言有非常强的个性发挥。在此之前，国外已经出现读本类书籍，如《美国读本》，但它只是将例如林肯演讲等各种现成的文章集合起来，不能称之为读本体。真正的读本体则是一种文体的创新。

点评：创新创造生命力。众所周知，我们正在建设一个创新型国家，技术创新、体制创新……各行各业都在为实现和谐发展的目标进行着各种形式的创新，而文学作品也需要创新。实践证明，文体上和内容上的创新，是《中国读本》成为海外畅销书的重要原因。

文体上的创新符合了外国人的阅读习惯。不同文化背景下的人群对同样的事情可能会有不同的理解，从中国数几千年的文明史中正确地选择数十个"片断"，可能会比看似全面而又不加选择的灌输效果更好。

内容上的创新使西方人更容易接受新的作品，《中国读本》实现了东西方的时空对接、文化对接和情感对接。作者每叙述一件中国大事，往往会与国外发生的同时期的著名事件相比较，使国外阅读者直观上更容易理解；书中不再一味强调一些发生在中国的"第一"，而是说明这些发生的事情对全人类的意义，从而使海外读者在文化和情感上更能接受。

出版界难见的两个速度

《中国读本》以英文版重新出版后，国外市场被迅速打开，《中国读本》德文版和俄文版的翻译与出版实现了"难以想象"的速度。

两个月翻译完德文版。英文版在国外成功推出后，引起德国人的关注，贝塔斯曼又购买了《中国读本》德文版的版权。而德国驻上海总领事的夫人凯茜自告奋勇承担了翻译任务。汉学博士凯茜被书中内容吸引，她顾不上年幼的孩子嗷嗷待哺，废寝忘食，仅用两个月的时间，将15万字的内容翻译成德文。"目前德文版已出版上市，难以想象，两个月的时间是如何把这本书翻译过来的？"俞晓群说。

三个月俄文版上市。更让俞晓群想不到的是，本打算在刚刚结束的第20届莫斯科国际书展上与俄罗斯商人举行版权签约仪式，没想到俄文版新书已经印刷出来，现场只好临时改成新书发布会，而从出售俄文版的版权到新书上市，只有三个月的时间。俞晓群说："我们本打算在国内寻找一个俄文版的译者，没想到新书都出来了，可见这本书确实受欢迎。"

点评：市场检验生命力。市场经济的规律既复杂又简单，内容适应市场需求，运作方式适应市场规律，作品自然有持久的生命力。海外出版商也正是看中《中国读本》所蕴含的市场潜力，才打破常规以如此快的速度出版发行。

我们不乏优秀的作家和优秀的历史学家，但为什么难有在海外有影响力的作品出现？没有按市场规律做事是一个很大的原因。以往出版的一些针对海外市场的作品，尽管数据很权威，叙事很详尽，但由于写作方式、运营方式等问题，海外市场并不一定接纳。相反，苏叔阳以一个作家的身份，正面介绍了中国5000多年的文明史以及改革开放以来所取得的伟大成就，得到西方主流市场的认可，这也是按照市场经济规律办事带来的好处。

王军：新华社辽宁分社对外新闻部主任。

案例三：《话说中国》丛书

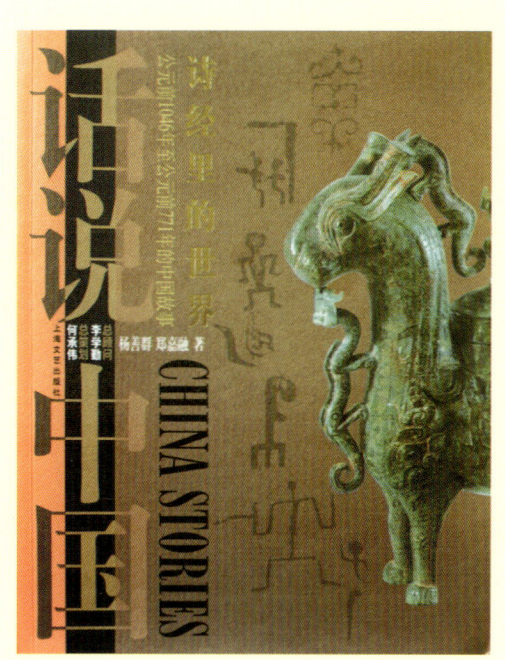

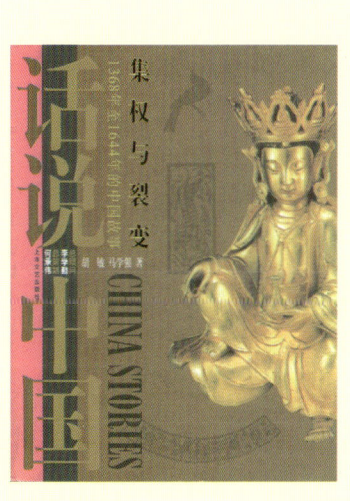

书　　名：《话说中国》（共20卷）

作　　者：李学勤（总顾问）；何承伟（总策划）；刘修明（主编）

出 版 社：上海文艺出版社

出版时间：2003年–2005年

出版文版：中文简体、中文繁体、英文、韩文

【案例概述】

《话说中国》是上海文艺出版社出版的大型丛书，共20卷，分别为《创世在东方》、《诗经里的世界》、《春秋巨人》、《列国争雄》、《大风一曲振河山》、《漫漫中兴路》、《群英荟萃》、《空前的融合》、《大唐气象》、《变幻中的乾坤》、《文采与悲怆的交响》、《金戈铁马》、《集权与裂变》、《落日余辉》、《枪炮轰鸣下的尊严》、《新世纪的曙光》、《正义的觉醒》、《血肉长城》、《命运的决战》和《总索引》，记述了从200万年前的原始社会至1949年新中国成立的中国历史故事。

《话说中国》丛书的突出特点是从内容到形式的创新。以权威的解读、通俗的视角、百科全书式的密集信息、说书形式的故事体、电子杂志式的多元表现形式来讲述传统的中国历史故事，不仅震动了国内市场，也在海外产生了吸引力。

《话说中国》丛书不仅成为中宣部民族精神史诗出版工程的首推项目，获2006年上海优秀图书特等奖、上海市政府外宣"银鸽奖"二等奖，其销售业绩和版权输出成绩也非常可观。国内累计销售额已经达到1.8亿元码洋，销售量270多万册。2003年美国《读者文摘》有限公司购买海外版版权，另有韩文版版权售出。通过美国《读者文摘》的海外销售渠道，《话说中国》繁体字版本在北美、东南亚和港澳台等国家和地区广泛销售，获得普遍好评。

【案例评析】

一个出版新品牌的诞生
——《话说中国》历时十二年的编纂出版历程追踪

何承伟

2003年8月12日,我们在上海与世界著名跨国集团美国读者文摘有限公司举行《话说中国》海外版版权签约仪式。这是已有80年历史的美国读者文摘公司首次在华购买图书版权。读者文摘亚洲区总裁华莱士女士在为签约仪式举行的新闻发布会上说:"没想到历史书也可以如此有趣。我相信,这套书对北美乃至世界华人会有很大吸引力。"签约时,《话说中国》尚未正式出版。

《话说中国》究竟魅力何在,引得世界出版巨擘美国读者文摘公司捷足先登,在其尚未出版之际抢先购下海外版版权?

内容上的突破:
故事的感性冲击力与历史知识的理性总结相结合

当今有关中国历史文化的出版物,主要分为两类,一类是如同白寿彝《中国通史》这样的理论研究巨制,这是一种阐释精深、鞭辟入里的高端读物，它满足了专业历史研究者的需求；另一类如同20多年前出版的《上下五千年》这样的历史普及读物，它以通俗浅显的内容与形式，曾经获得了以青少年群体为主的读者的青睐。介于这两者之间，既立足学术，又着眼大众，具有现代意识和表现手段、能够符合最广大读者需求的历史文化出版物，是一个空白。

世界上不少发达国家都十分注重以图书的形式来推广和弘扬本国历史文化，通过多种既有学术含量、又通俗生动的历史文化出版物，来彰显悠久丰富的本国文化，从而激发民众的爱国热情与民族凝聚力。作为中国的出版人，应义不容辞地承担起传播祖国悠久历史文化的责任，承担起通过出版物将历史的宝贵财富回赠给人民的责任，使中国历史文化出版物，与中国拥有的五千年文明史相适应，与当代中国日新月异的发展现实相适应，与世界了解中国的渴望相适应。《话说中国》的编辑团队下决心要做一套大众爱看，同时兼具学术高度和一流出版水准的历史书。

大众读者对故事有一种天生的爱好。故事是一个民族深沉的集体记忆，极容易走进读者的心灵世界。读者随着故事主人公的命运起伏跌宕，不知不觉地与中国历史文化进行"亲密接触"。记住了一个故事，也就记住了一段历史。记住故事中的一个人，也就记住了这一段历史的魂。同时，要以密集的信息，弥补故事叙述中知识点不足的局限，从而使故事的感性冲击力与历史知识的理性总结达成高度的统一。

《话说中国》之所以能对读者形成冲击力，首先是在内容上实现了三大突破：

一是突破了以往大众历史读物主要讲述大历史事件、政治斗争、朝代更替、制度沿革等内容的局限，有细节地、多方位地、全面地展示中国历史。史学专家李文海教授说：历史要具体、生动，否则就没有生命力，没有价值。对历史细节内容的重视，使《话说中国》形成了依靠大量丰富的细节来调动读者阅读时的情感，带领读者在文化的传播和渗透中认祖归宗的鲜明特色。

　　二是突破传统的历史观，及时将中国史学界新观点、新成果生动地加以反映。我们在编辑过程中强调不但要有现代意识，还要有科学意识；不但要参考已有的史料，还要及时收集新的信息。2003年春，陕西眉县杨家村出土了窖藏西周青铜器，其中一个四足附耳盘上的铭文达370多字，追述了文王至厉王12代周天子的业绩等，是建国以来出土的铭文最长的西周青铜重器。我们及时地把这条信息补充进了《话说中国》，纠正了以前的一条不正确的判断，此举得到了西周史专家、美国匹兹堡大学客座教授许倬云的高度评价。

　　又比如，丛书中确定中国最早出现的人类是200万年前的重庆巫山人，而旧说为170万年前的云南元谋人；采用夏商周断代工程的纪年成果，确定夏代开始于公元前2070年，旧说为公元前21世纪；商代开始于公元前1600年，旧说是公元前17世纪。旧说周公"制礼作乐"是奴隶制的残酷剥削压迫，现诠释为"促进社会文明的礼仪规范"、"气势磅礴的音乐歌舞"等等。又如，在第11卷宋代卷里，专家们提出要用更新的、更高的眼光来看问题——包括辽金西夏元等少数民族政权，都是中华民族国家的一部分，对中国历史的贡献很大，不能狭隘地排除出去；宋朝的经济发展非常迅速，达到了当时世界最先进的经济水平；《清明上河图》展示了人和商业之间的和谐、融聚关系，以及当时世界上最先进的城市观念等等。

三是突破了单一的叙事模式，以多种表现手法，多角度、全方位地展现历史生活。比如在讲述赤壁大战时，就配有当时将领们的年龄表格，还有军队所用的战船模型图等；另外在许多细节上，也想办法进行知识拓展，如在页面左边，记录了故事发生的时间和中国发生的大事，而在右面相应位置，则告诉读者世界当时发生了什么大事。通过中国和世界大事记的对比，展现出中国和世界文明比较发展的脉络，给读者提供了更宽阔的阅读视野。

《话说中国》丛书3000多幅图片地位极其重要，它不仅是一种美，更是内容的有机组成部分，"一幅画就是一座历史大讲堂"，历史在图文的交融中变得立体和富有动感。《话说中国》图片表现形式极其丰富，颇具匠心。从书中精选的图片体味其中蕴涵着的深刻内容，堪称是历史文化的全息图像。其根本的一招就是"选图真"，换言之，所选之"图"是真实之图，均来自出土文物、传世作品，有的是历史遗址，有的是古代版刻，有的是艺术实物，有的是历史地图，有的是古人对当时人活动的描摹，有的是今人根据历史记载对古人活动的形象再现。《话说中国》还引入了中国历史上最有代表性的10幅历史地图，请这方面的专家葛剑雄教授辅以文字说明，再结合许多小图片，通过多学科的交叉来全方位展示历史。

对图片，出版社领导和编辑最花功夫，许多图片质量不理想，艺术总监袁银昌就分为三个工作层：第一层是让制作人员修整（包括部分图片去底）；第二层是设计师将图片补充修整；第三层由总监最后把关，特别是在把握图片的整体感及调整对比度和色饱和度上，殚思竭虑，精益求精。在反复的修改调整中，设计者同时也不断地思考如何做到完善，使用怎样的设计手段才能更好地表现这套丛书的独特魅力。比如，对图片作不同层次的处理，有局部、有虚化、有局部去底，做到丰富而不乱。在把握书籍整体感的基础上，非常注重细节的设计，一个看似不经意的图标，其实是根据内容精心制作的。一根线条的粗、细、深、淡，要经过反复调试。字体的选择、大小、字距、行距的设定都是经过好多次的实验，并且多方讨论才最后确定的。书中所附《清明上河图》、《兰亭序》、《韩熙载夜宴图》等著名书画，不仅根据原图精心仿真制作，再现其风采，还请相关学者专家做了精湛评说，使读者既能近距离地仔细观赏，又能够真正看懂国宝之精髓。

细节决定成败。《话说中国》中的历史涉及到中国社会生活的方方面面，如帝王与皇家生活、经济和贸易、宗教礼器、服饰与化妆、百姓民居、大型建筑等，编纂者在编撰的过程中，将十几卷的《中国风俗通史》和《中国民族故事大全》中关于社会生活细节的内容几乎全部搬用、浓缩进来。《话说中国》丛书以"立足学术，着眼大众"的编辑思想，绵亘古今，鉴往识今，醇化民风，涵养四方，使古奥、冗长的中华历史，以轻松、易读的方式走进大众。

表现形式上的创新：文质相配、表里交融

古人云：文质彬彬，然后君子。中华文化之"质"，世人共见，勿庸置疑；然而图书装帧之"文"，未必能与之匹配。探索中国图书外在表现形式，即文质相配、表里交融，进而形成后发优势、传播世界，成了中国新一代出版人义不容辞、亟待解决的新课题。《话说中国》在出版界引

起震动、在学术界引起好感、在读者中引起反响，其在表现形式上的创新，也十分重要。

首先，《话说中国》创造了一种"从任何一页都可以开始阅读"的全新形式，读者从任何一页翻开，看到的都是一个独立的小故事和它的相关知识点——每一个版面都形成一个完整的阅读单元。这是"以读者为中心"进行反复思考的结果。因为现代人生活节奏快，阅读习惯已经发生了巨大的变化，就好像看电视，几乎所有的人都在不停地切换电视画面，然而在任何一个停留的瞬间，总能以极快的速度跟进画面的变化，感受到其中的内容，这种方式无疑也影响了现代人的阅读习惯。因此，《话说中国》作为大众文化读物，设身处地为读者着想，可放在床头、沙发、茶几等任何方便的地方，随时随手翻阅，获得一种全新的阅读享受。

其次，向网络学习，主动接轨数字网络化时代，赢得年轻读者的心。由于当今网络日益普及，在某种程度上，分流了纸质图书的读者。出版业事实上不可能"唯我独尊"，必须与时俱进，进行变革。《话说中国》采用了网络页面式的设计形式，给历史图书带来新的气息。在每个历史故事的右上角，编纂、设计者标画出了一个类似"导航条目"的区域，其中包括人物、关键词、来源和典故这几个节点，如此可对读者起到"导读"、"分类"、"检索"等作用，力图给读者提供快捷、方便的阅读途径；而故事编号就好像网址，通过卷末目录可以搜索到所有相关的知识点内容。这样设计的结果还为将来出版电子文本提供了极大的方便。

"数字化"已遍及现代社会各个领域，《话说中国》编纂、设计者自然不会忘却"数字化"在图书中连接、沟通的广阔天地。比如，在每本图书的飘口，就不是简单地沿用"唐、宋、元、明、清"的传统划分，而是标注上这一卷所讲述的历史的起始年代；但后来发现光用数字不用朝代，不符合中国人的认知习惯，会让读者产生混淆，所以又将数字和朝代相结合，"用数字把你拉过来，用朝代把它点出来"。一般图书设计往往忽视飘口部分，可我们认为它的重要性甚于书脊，因为它有着丰富的表现力。于是，将公元年份的文字经过计算，每一页作微小移动，这样就使人在翻阅时产生一种流动的美；而当合上书本时，飘口会清晰地显现这本书所讲述故事的年份。

再次，考虑到《话说中国》丛书是信息密集型、百科全书类的历史文化书，在每一卷编完后需给读者一个总结，便增加一个"聚焦"版块，来替代以前的编后记——即把历史学界最有影响的人物对某段历史的结论性评价集中在这里予以展现。这些评价，均是许多研究者穷其一生得出的结论，是经过了历史的检验，能够流传千年的文化成果和智慧结晶。比如在《聚焦：公元前221年至公元8年的中国》中，学者夏曾佑先生的"中国之教，得孔子而后立；中国之政，得秦皇而后行；中国之境，得汉武而后定。此三者皆中国之所以为中国也"一语，就将孔子、秦始皇和汉武帝三人对中国历史的影响非常精炼地进行了概括，使读者对历史的理解提升到了一个更高的层次。

我们首先是从英国一本古典音乐百科全书上受到传统和现代和谐结合的启发。英国是很传统的国家，出版非常严谨。这本古典音乐百科全书就通过它在版式上的别致设计——恰到好处地运用非常现代的标识符号——使得传统的文化和现代的艺术有机地融合在一起。我们从中看到传统文化与现代阅读的和谐结合点，涌动出变革图书形式的设计灵感和创制欲望。同时，这也源于出版人对自身出版过程中成功经验的及时总结，比如在艺术类图书方面，上海文艺出版社曾率先引入"艺术与生活"的概念，将生活实用方面的内容与艺术的鉴赏和审美巧妙而有机地结合起来，提出"让大众读物精品化，让精品读物大众化"的出版口号。《话说中国》的创造既借鉴了当今世界上最新的出版理念，同时也是上海文艺出版社艺术图书出版多年探索与创新的一个里程碑式的总结。

整体策划的新理念：贯穿整体运作和各个环节

说到图书策划，一般只是选题策划，而《话说中国》这套书的策划超越了选题策划，是从内容策划到出版策划、销售策划的整体策划，并将突破传统的新理念贯穿在了该书的整体运作和各个环节之中。

当前出版界通常的情况是，写书人、出书人都无法想象自己的书会是什么样子、无法预料未来的市场命运会是什么结局。《话说中国》为解决这个问题，从一开始就拿出了"定位图"，这就是那幅置于每册图书前面的图，正是这幅图，确定并指明了《话说中国》从编辑、设计、制作、营销的明确走向。说来也真是让人惊奇，当初美国读者文摘购买《话说中国》海外版版权时，《话说中国》尚未正式出版，凭的也就是这张图和一部分样稿。

2003年9月《话说中国》丛书首卷《创世在东方》问世，销售业绩不凡。按理依次序出下去即可，但我们又走了一条出其不意之路。那年，上海博物馆举办的国宝展览出现了观摩者火爆的情形，不少市民为了看一眼《清明上河图》，要排上几个小时的队，这一情景让我们喜出望外。我们立马将第十一卷宋代卷提前推向市场，不出所料，带有《清明上河图》的宋代卷销售同样出现了火爆的景象。

说到运作模式，《话说中国》是用期刊的模式来出书，可以达到一箭双雕的效果。这种模式并非做完一本书再从头来做第二本，而是在同一时间内，以一种梯形的结构向前推进——当第一本书问世的时候，第二本书正在印刷制作，第三本书正在出片彩样，第四本书正在二次校稿，这样所有的机器都开动起来，所有的人员也都调动起来，工作效率得以大大提高。通过这种方式把全套1000多元的书，变成60-70元一本，用这个价位买一本这么厚的全彩色的图文书，还包括那么多精美有趣的插图插页，一下子就把读者吸引住了。

对于这套书来说，书出齐的一天也就是出版社盈利的一天，因为按期刊的模式出版，一个月出一本，当它出第一本的时候资金已经在慢慢收笼，所以真正的投资并不是严格意义上20卷的投资，而是用2卷投资把20卷资金全部盘活。

印刷和纸张，同样存在经营机遇。在确定印刷厂商时，我们向印刷厂商提出，前一万本，你不赚，只拿成本价，一万本以后，你再赚。广东的一位印刷厂老板很有眼光，答应了这个看似苛刻的要求。100万就这样省下来了，这笔钱就被用于了宣传和营销。

与海外同行广泛接触：
以人为师，为《话说中国》找一个好"婆家"

《话说中国》这套书在编辑过程中就得到了中国香港、台湾和美国等八九家境外大出版机构的关注。我们极为认真、坦诚地一一与之进行了接触与交流。不仅如此,我们还利用其他一切与海外出版同行往来的机会,广泛地介绍《话说中国》的编辑理念,宣讲我社"大众文化精品化"的出版战略。这样做,我们本着两个目的:一是为《话说中国》找一个好的"婆家",二是以人为师,在《话说中国》正式出版之前广泛征求一下意见,特别是出版理念相对比较先进,出版眼光和经验比较独特老到的海外出版同行。这些海外出版机构中不少人与我们出版社都是多年相知、长期合作的老朋友,他们怀着极大的热情,对《话说中国》提出了不少富有创见的意见与建议。

经过一段时间的接触与交往,到了最后确定合作伙伴的时候——这实在是一个甜蜜而痛苦的时刻!经过权衡,我们最终与美国读者文摘公司签约,主要是考虑到这家跨国出版巨头所具有的世界性的影响,当然还有他们对中国文化的巨大热情,以及对合作的巨大诚意。在整个交流与合作过程中,我们通过广泛了解与深切领悟世界先进的出版理念,更加坚定了自己在《话说中国》一书中所作的探索与追求。

结语:要利用后发优势,真正做到后发制人

回顾《话说中国》的编辑出版和海外合作全过程,我深深地体会到:在世界出版发展史上,中国曾领先于世界;但近代以来,中国又落后了,属于晚到者。不过,这同时也是一种优势,我们可以在很短的时间内把先行者上百年的经验学到手,真正做到后发制人。我们要敢于引进全世界先进的文化,广泛开展国际合作,借助发达国家的实力和经验,

"借船出海"。最终,在中国巨大市场的推动下,我们一定能够创造出代表东方人的世界级的出版物!

何承伟:上海文艺出版集团总编辑。

案例四:《狼图腾》

书　　名:《狼图腾》

作　　者:姜　戎

出　版　社:长江文艺出版社

出版时间:2004年(中文版)、2008年(英文版、法文版)

出版文版:中文、英文、法文等

【案例概述】

《狼图腾》2004年4月由长江文艺出版社北京图书中心出版发行。该书以中国上世纪六七十年代为背景,讲述草原游牧民族与狼之间的感人故事。它深切关注现实生态,讲述了狼性、人与动物、人与自然以及民族文化的冲突。"内容为王"是其走向成功的重要因素,也是它成为世界文学作品的前提条件。同时,该书在国内推广和国际版权输出过程中,综合运用各种宣传手段和环环相扣的运作模式,使其在国内图书市场的推广发行和版权对外输出方面都取得了巨大的成功,成为典范。

该书一经出版即在国内引起轰动,创下了300余万册的销售纪录;2004年在国内最有影响的图书评选中位居榜首,同年获"2004长篇小说年度优秀奖";连续6年名列文学图书畅销榜前十名,获得奖项几十余种。目前,该书被译成30种语言,在全球110个国家和地区发行。版权成交总金额已达110万美元,创造了中国版权贸易诸多第一,成为中文图书版权输出的一个成功案例。该书被欧美各大主流媒体和电视电台连续报道和评论,成为国内外读者熟悉的一部畅销书;2007年在国际上获首届"曼氏亚洲文学奖";2008年其法文版荣获翻译"金字奖"。

【案例评析】

解密《狼图腾》版权输出神话

安波舜

　　长江文艺出版社1955年成立，长期从事文艺图书出版，立足于原创作品，重点操作畅销书，并将畅销书作为出版社品牌的支撑。长江文艺出版社运作畅销书的团队，主要是该社所属的北京图书中心。这个团队目前有14个人，负责人是3位富有编辑与发行经验的出版人。由于出版地设在北京，在信息的搜集、流通、传播等方面都具有一定的区位优势。《狼图腾》从一本不被人们看好的图书到畅销国内乃至成为欧美文化市场上的畅销书，其成功确实来之不易，其经验值得认真总结。长江文艺出版社北京图书中心也希望将这本书的操作过程与大家分享。

准确判断图书具备的畅销价值

　　2004年春节前夕，姜戎将其第一部书稿、也就是后来出版的《狼图腾》自荐给了我，而在此前，他没有发表过任何与文学有关的文字。我在春节的鞭炮声中读完了他厚厚的文稿。作为职业编辑和一个普通的读者，这部书的故事不仅深深地吸引了我，而且让我震撼。书的主题让我对人与自然的和谐浮想联翩，在心理上刻下深深的烙印；狼与草原的关系、狼在游牧历史上对人类和部落的意义、蒙古人对狼的图腾崇拜，使我在精神层面上对人道与天道有了新的感悟，对自然产生了敬畏，对人类的角色和生存环境产生了焦虑和不安。我当时就意识到，这本书是一部旷世奇书，具有人类的普世价值和审美意义。

《狼图腾》是一本独特的书：狼的小说，特别是与狼共舞的小说，《狼图腾》是唯一的一部；写蒙古草原狼的小说，更是绝无仅有。因而，我们有理由认为，狼的语言是世界性的语言，狼的小说也会得到其他国家和民族读者的喜爱。书稿到我社后，社领导和编辑同志进行了认真的审读和选题论证。大家认为，尽管该书没有任何时下所谓畅销的"时尚"因素，但故事精彩，题材也是唯一，主题健康。

然而，当《狼图腾》准备出版面世的时候，并没有多少人看好。一些评论家认为，这部书的文化批判过于极端，文本中掺入太多的理性探讨，影响了小说的文学品质；出版界认为，该书没有任何时尚的流行因素，没有爱情没有性，很难引起读者的兴趣。但出版社确信，在人类的基因里，一定保留着原始社会甚至是史前类人猿狩猎时期的味觉、视觉和知觉，潜伏着对自由的无限向往和争取自由的荣誉和尊严，有团队合作的生存本能和热爱自然、亲近自然的感官遗传。这些都是文学的永恒主题，也是几千年来艺术赖以生存的本源。因此，《狼图腾》的畅销只是一个时间问题。

果然如我们所料，《狼图腾》2004年4月上市五天后就引起了轰动，第三周登上畅销书榜，然后迅速攀升至榜首，并在榜上盘踞了近两年之久。其间，各种报纸、杂志的评论报道，各种专业网站的节选和连载，广播电台的小说连播以及大量的网友们的讨论和互相推荐的留言源源不断。企业、部队、公司培训和NBA教程班都进行了大批量的团购。目前，中文简体字版的正版图书，已经销售300多万册。《狼图腾》在国内获"2004长篇小说年度优秀奖"。2007年在国际上获首届"曼氏亚洲文学奖"。

积极策划形成市场需要的畅销书

一经决定出版，出版社就把这部书当作畅销书来做。主要做法：一是做好出版前的推荐工作。《狼图腾》出版后，不是采取作者现场签售等传统手段，而是采取请名人评书的宣传方式，事先请《人与自然》的主持人赵忠祥、从内蒙古草原走出来的白岩松、蒙古族歌手腾格尔、企业界巨头海尔老总张瑞敏、地产大亨潘石屹等名人评书。他们在阅读了该书的样张后，都写出了具有启发性、推介性的评语。图书发行后，读者反应比较正面。大多数的读者能够从狼的身上看到正面的意义，所以，《狼图腾》很大一部分读者是企业员工、军人、青年学生和民工。反响最强烈的是企业家，内地一流的企业家几乎都在推荐自己的团队研读《狼图腾》。二是实施全程策划推广方案。主管发行的副社长黎波同志及时组织市场，进行动态的销售管理，对《狼图腾》的发行起到了关键性的作用。金丽红同志随时跟踪媒体反应，有效地监控舆论导向，使图书的宣传始终稳而不乱，健康运作。正是这些努力，才使该书成为畅销书，短期内销售近百万册。三是发挥媒体的传播作用。《狼图腾》上市不久，不仅各种报纸、杂志发表了评论报道，各种专业网站对有关内容进行节选和连载，而且大量的是网友们的讨论和互相推荐的留言，而这后一种现象成为《狼图腾》畅销的主要潜力和原因。

主动传播形成世界范围的阅读

《狼图腾》的国际市场宣传方式与众不同。当《狼图腾》在国内销售突破50万册时，我就为该书走向世界的版权输出做好了充分准备：按照国际惯例精心制作了一份关于《狼图腾》全英文的文案，内容包括故事梗概、作者介绍、国内市场销售现状，各界人士包括作家、演员、企业家、评论家等对该书的高度评价，国内平面及广播电视媒体的热烈反响，以及作为该书策划者对其全球市场发展前途的预测等。随后，该文案被传递于国际大出版公司之间，出版方主动邀请国际出版公司在华办事机构参加围绕该书举行的推介会、作者见面会等各种活动。

同时，出版方约请熟悉中国文化和英语的人撰写书评，争取刊登在西方的主流报刊上，以吸引国外出版商的注意。此外，出版方还采取主动，精心选择媒体，向海外主流媒体积极投稿，像德国的《南德意志报》、意大利的《意大利邮报》、英国的《泰晤士报》、美国的《纽约时报》等。不久，美国《纽约时报》、《时代》周刊，英国《泰晤士报》、《每日电讯报》，《南德意志报》，《意大利邮报》等西方主流报纸和美联社等都对《狼图腾》给予报道和评论，影响之大，在中国出版史上极为罕见。被西方大小平面及网络媒体转载者更不计其数。结果引来了诸多的国际大出版社与出版方联系。《狼图腾》针对国际市场的宣传取得了成功。

案例四：《狼图腾》

《狼图腾》之所以能成功走向世界，根本原因是其内容——全人类生态恐怖的危机、全球化和市场经济中的"狼性"意义、农耕文化与游牧文化的冲突——引起了西方出版商的关注，获得了欧美主流社会的认同。这本书走出国门，不仅仅是因为它写出了对中华民族和游牧民族的发展独特而深刻的思索，还因为这种具有中国特色的内容打动了西方出版商的心，进而具备了打动西方读者内心的基本要素。一本图书要走向世界，必须具备原创性、艺术性、人道主义精神和全球性的主题等诸多特征，《狼图腾》就是同时具有上述特征的一本书。

企鹅集团亚洲区总裁皮特·费尔德表示，企鹅集团一直在中国寻找一部既有鲜明中国文化特点、又有很强故事性的小说作品。《狼图腾》是一个没有文化差异的动物故事，人与动物如何相处、如何解决农耕文明与游牧文明的冲突、传统文化和现代文化如何对接等是全世界都在关注的话题，包含整个人类的价值观念，这样的题材非常适合海外读者。企鹅集团北京公司总经理周海伦说："过去企鹅曾引进过苏童等人的作品，但销量一般。原因在于西方主流市场的读者对中国文化的理解有困难，并且对作品讲述的故事也不太理解。而这本书不同，它既蕴涵了较为深刻的道理，同时又具备很强的故事性，修养深的读者能剥出层层含义，而一般读者光看故事，也能觉得很精彩。"

《狼图腾》之所以能够全球畅销，固然得力于西方图书发行渠道的优势，但也与它具有跨时空、跨地域和跨文化的特征，以动物为主的书写方式不无关系。

经验说明，经典的、有丰厚文化底蕴的小说，永远有市场和魅力。一个时期以来，出版界和创作界比较浮躁，急功近利的多，跟风的多，原创的少（跟风"狼"的图书有十几种）；跟时尚的多，甘于寂寞打造精品图书的少；相信流行，不相信经典和古典，菲薄千百年来人类积淀的文明价值和艺术母题。《狼图腾》的畅销和走向世界，说明传统的文学母题和艺术题材具有永恒的价值。我社在图书选题中，始终坚持在主题健康积极、格调高雅艺术的前提下，将长销和畅销、经典和流行、短期和长期相结合，永远不放弃在茫茫文海中寻找厚重扎实的经典作品。

开拓市场化运作的有效途径

一本普通的中文小说，为何会受到这么多国外出版商的青睐？它的成功带给我国图书出版界的最大启示就是市场化运作。

俗话说酒香也怕巷子深，同样道理，好书也未必有市场。《狼图腾》成功的背后，有一系列环环相扣的因素在起作用。

一是造声势。首先，《狼图腾》的出版恰好适应了我们伟大民族复兴的大形势大趋势，和改革开放、响应党中央建设和谐社会、以人为本、尊重自然和生命的大背景；其次，它反映了与人民大众的生存状态和生命质量息息相关的事情；再次，出版人能够审时度势，掌握时代的脉搏，及时发现并编辑出这样的好书，通过名人评书、媒体报道、网上宣传等市场手段，让它成为读者阅读的热点。

二是提身价。策划时就为今后走出国门打好基础，尤其是在图书进入畅销阶段，要吸引众多商家关注它。《狼图腾》的版权输出之成功，可以称之"史无前例"，这与长江文艺出版社全球化的运作有关。希望引进《狼图腾》版权的其实并非企鹅一家，多家海外出版机构和版权代理机构都曾与长江文艺出版社洽谈过此事，经过对比才最终敲定与企鹅出版社合作，这也是该书的版税可以创纪录的原因之一。出版社充分考虑到西方大多数国家和语种的汉学家、翻译水平和资源不足，决定将除德语、法语和亚洲语种之外的版权交易，交给在全球出版界有绝对信誉和经验的企鹅出版集团的版权部门操盘。结果，在2005年法兰克福书展上，企鹅的职业化运作立刻引发了参展商竞标争购的局面。竞标最激烈的是意大利的出版商。四家意大利出版商各不相让，都看好《狼图腾》的畅销潜力，最后不得不以私下竞价决胜负。

安波舜：长江出版集团北京图书中心总编辑。

《狼图腾》走向世界的启示

周百义　章雪峰

英国有杰克·罗琳的《哈利·波特》，美国有丹·布朗的《达·芬奇密码》在全世界畅销，具有五千年历史的中国文化影响力又体现在何处呢？2006年7月香港亚洲时报在线网站一篇文章提出了这样一个问题。

文章指出，当下中国有一本叫做《狼图腾》的长篇小说被世界上最具影响的企鹅出版集团将要推向世界，"从中可以看到这个世界上发展最快的图书市场的未来"。《狼图腾》这本书已成为一个符号，成为中国图书和中华文化走向世界的一个象征。

2004年4月由长江文艺出版社出版的《狼图腾》，国内销量目前已超过200万册。截至2006年7月，已连续26个月位列全国文艺类图书发行排行榜的前五名。《狼图腾》不仅在国内畅销，而且受到海外出版商的青睐。2005年8月31日，长江文艺出版社在北京与企鹅出版集团正式签订版权输出协议。按照协议，《狼图腾》的英文版将由该集团在全球同步发行，企鹅出版集团支付10%的版税，并预付10万美元。据企鹅出版集团消息，英文版第一版精装本将全球发行50万册，定价为30美元/册。《狼图腾》英文版权的转让，至少创造了三项全国第一：首先，这是我国图书按照市场规则首次成功进入欧美主流市场和世界市场；其次，10万美元的预付款，是先前所有中国图书单本书版权输出一次性收入的最高纪录；最后，10%的版税也创下了我国图书版权贸易版税收入的新纪录。目前，《狼图腾》已经售出英、法、德、日、意大利、西班牙、荷兰、土耳其、葡萄牙、希腊、匈牙利、韩、泰、越南语等不同语种翻译出版权，版权贸易成交总金额已达110万美元，其中包括意大利文版的20万欧元，英文版的10万美元。据保守估计，仅仅《狼图腾》一本书的总产值（包括电影）就将达到5～6亿美元。因此，我们可以说，《狼图腾》的市场已基本覆盖全球，《狼图腾》已成为全人类共有的精神食粮。

《狼图腾》的版权输出是中文图书版权输出的一个成功案例。通过这个案例，我们不仅可以看到我国版权贸易严重逆差背景下的一丝亮色，也可以洞见我国图书和中华文化走向世界的无限希望。

《狼图腾》的策划出版

《狼图腾》是迄今为止世界上唯一一部以狼为叙述主体的小说。其内容由几十个有机连贯的"狼故事"构成，包括掏狼窝，养小狼，狼与人、与黄羊、与马群的大小战役等，反映了20世纪六七十年代内蒙古游牧民族与狼之间的密切关系。作者以自己的亲身经历、近乎自传体的叙事方式、引领读者进入狼的活生生的世界，充分展现了狼的团队精神、狼的狡猾和智慧、狼的军事才能和战术分工、狼的威武不屈的独立性格和尊严，以及狼对维护自然生态、促进人类文明进化的贡献，等等。

《狼图腾》的作者姜戎，1967年到内蒙古额仑草原牧区插队落户，1978年返回北京，后考入中国社会科学院研究生院，攻读政治经济学专业。正像小说中的主人公陈阵一样，姜戎在草原上与狼共舞达11年之久，草原游牧民族的多彩生活以及狼的动人传说赋予了他创作灵感，他用了差不多6年的时间创作了这本小说。《狼图腾》的策划编辑，就是大家比较熟悉的安波舜。他曾经策划出版了不少有市场价值的图书，其中包括创建"布老虎"丛书品牌。正因为他曾在"布老虎"丛书中收入张抗抗的《情爱画廊》，建立了良好的合作关系，张抗抗才向他推荐了《狼图腾》。相对于张抗抗而言，姜戎此前没写过什么作品。当安波舜带着这本似文学非文学、似伦理非伦理、一时还无法明确定位的书稿找到长江文艺出版社北京图书中心时，编辑金丽红、黎波多少有些意外。黎波说如果《狼图腾》像其他作品一样投稿的话根本就不会被选中；金丽红则坦白地说，当初拿到《狼图腾》的书稿时并没有认识到它的市场价值，"故事叙述方式有些怪异，不像传统意义上的小说，有些地方倒像学术著作。当时的第一感觉可能是本好书，但未必能畅销，全年顶多也就卖上5万册"。但是，还在国内图书市场上开始热销《我们仨》等书的时候，金丽红、黎波等经过仔细的市场研究后，就发现一些有深度、有厚重感的书开始被市场大范围接受，而这正是图书这种载体体现它优势的地方，是报纸、杂志和电视等传播方式所无法比拟的。于是，在市场直觉的指引下，长江文艺出版社与安波舜按照项目合作原则，开始了图书运作。在《狼图腾》取得巨大成功的同时，长江文艺出版社北京图书中心还取得了另一项意想不到的收获，即正式"招安"了安波舜。相对于《狼图腾》的成功而言，这是长江出版集团最宝贵的收获之一。

《狼图腾》走向世界的几点启示

内容为王

"内容为王"不仅是图书竞争的一般法则，也是中国图书走出国门的制胜武器。只有民族的，才是世界的。一本图书要走向世界，必须具备原创性、艺术性、人道主义精神和全球性主题等特征。《狼图腾》的内容具有上述特征，是其走向成功的主要因素。当《狼图腾》能否出版还未被敲定时，安波舜就说："《狼图腾》的书稿拿在手上，经验告诉我，它的曲折能打动人，它的主题的无意识形态性能冲破国界而为全人类凝望。几乎从一开始我就想到，它不仅仅能风靡华夏。"

企鹅出版集团亚洲区总裁皮特·费尔德表示，他们一直在中国寻找一部既有鲜明中国文化特点、又有很强故事性的小说。《狼图腾》通过几十个"狼故事"，反映了人与动物如何相处、如何解决农耕文明与游牧文明的冲突等，这是全世界都在关注的话题，包含整个人类的价值观念，这样的题材非常适合海外读者。企鹅出版集团北京公司总经理周海伦认为，小说中涉及人与自然的冲突，传统文化和现代文化的冲突，这样的主题是面向海外读者的通行证，对于没有体验过上世纪70年代蒙古草原文化的西方读者来说，小说令人着迷。

宣传为翼

《狼图腾》成功的背后，综合运用宣传手段的作用功不可没。

《狼图腾》刚出版时，宣传就面临比较特殊的情况：作者事先即与出版方约定，自己不出面宣传，低调处理涉及本人的宣传事宜。于是，出版方在最初的宣传上，采取了请名人评书，在媒体上宣传，到地坛书市上用喇叭"吆喝"等市场化的手段。以此为起点，该书在国内图书市场上开始热销，迈出了创造奇迹的第一步。

然而，版权输出的关键还不在于针对国内图书市场的宣传，而是要加强针对国际市场的宣传。此前我国图书版权输出的一般做法，或是在大海捞针般的版权交易会上寻找机会，或依赖于实力尚弱的版权代理公司。这样做的结果，要么劳而无功，要么收效甚微。《狼图腾》的国际市场宣传方式则与众不同。当《狼图腾》在国内销售突破50万册时，长江文艺出版社北京图书中心就做好了版权输出、让该书走向世界的充分准备。他们精心制作了一份关于《狼图腾》的全英文的文案。随后，该文案被传递于国际大的出版公司之间，出版方主动邀请国际出版公司的在华办事机构参加围绕该书举行的推介会、作者见面会等各种活动。随着市场的变化情况，该文案还适时进行修改和充实。

同时，出版方约请熟悉中国文化和精通英语的人撰写书评，争取刊登在西方世界的主流报刊上，以吸引国外出版商的注意。出版方精心选择海外主流媒体，向它们投稿。这些媒体，一是在西方世界发行量大，二是国外出版商十分关注，三是被其他媒体转载的几率大，因此，宣传的针对性效果充分地显现出来，引来了诸多的国际大出版社与出版方联系。《狼图腾》针对国际市场的宣传取得了成功。

团队为本

拥有一支好的团队，是畅销书成功运作的根本。长江文艺出版社北京图书中心，汇聚着金丽红、黎波、安波舜等一批出版精英：他们既有

"狼"一样的眼光，又有"狼"一样的效率，在信息的搜集、流通、传播等方面具有很大的优势，在畅销书的运作方面具有丰富的成熟经验。他们曾成功推出过《我把青春献给你》、《心相约》、《告诉孩子你真棒》等畅销书，截至目前，他们推出的每种书的平均销量不下10万册。金丽红、黎波、安波舜也因而被业界誉为出版界的"金三角"。这个团队，经常为了一本书，在某一时段，倾尽全力，上下配合，加班加点，对每一个环节、每一个细节都以职业的精神和专业的手法，集中精力认真把握，做到选题有境界，编辑有想法，管理有章程，操作有标准。正是"金三角"及其所率领团队的通力合作，才打造出了出版界的"《狼图腾》奇迹"。

比如，在版权输出过程中，在选择国外合作伙伴的问题上，就充分体现了这个团队的智慧。当时对《狼图腾》表示出强烈兴趣的海外出版机构和版权代理机构共有三四家，而他们最终选择了企鹅出版集团。理由有如下几点：第一，企鹅出版集团的实力雄厚。企鹅出版集团是全球最大的出版集团培生集团旗下的出版企业，已有百余年的历史。第二，企鹅出版集团已具备出版发行中国小说的经验。该集团曾发行英文版的《论语》、《红楼梦》、《围城》，还发行过苏童、莫言等中国作家的小说。第三，企鹅出版集团拥有强大的全球发行网络。该集团拿到该书全球英文版权后，可以在十多个英语国家发行。风靡全球的《哈利·波特》系列，除在英国本土发行以外，其余的也全部由企鹅出版集团的海外发行机构发行。第四，企鹅出版集团可以针对全球不同地区市场，实行差异化战略。该集团在不同国家的出版发行，都会根据当地读者的欣赏口味进行本土化的宣传包装和装帧设计。也就是说，在企鹅出版集团的差异化战略下，同样内容的一本书，在不同国家将会拥有不同的宣传渠道，也会拥有不同的封面和装帧形式。企鹅出版集团的种种优势，都有利于《狼图腾》成功走向世界。

像这样的体现团队智慧和眼光的例子还有很多。正如安波舜所说，在创造"《狼图腾》奇迹"时，我们有着狼一样的协作精神，正因为如此，我们才能像狼群一样集体享受这份心仪的出版大餐。

一点思考

《狼图腾》的成功尽管只是个案——不但其成功经验不能被简单复制，而且也不能改变我国图书版权贸易处于严重逆差的被动局面，但《狼图腾》走向世界的事实却值得我们思考。假如这本书稿交给了别的一家传统出版社，出版社是否会有这样高的效率迅速作出反应，动用全部的力量对图书展开营销，使该书迅速在国内走红并且在国外产生影响？答案是未必。

长江文艺出版社北京图书中心尽管也是一个国有的出版机构，但没有传统出版社内多年沉积下的旧的观念的束缚，没有众多的环节相互制约，没有复杂的人事纠葛。以生产为中心的组织结构，以市场为导向的运作机制，保证了出版的高效率，扩大了成功的概率。当然，北京图书中心至今只有14个人，"船小好调头"，但无论船大船小，动力至关重要。在这里，员工的身份是社会化的，分配是根据贡献大小决定的，员工只有集中精力，心无旁骛"做书、做人"才行。据开卷图书市场研究所统计，2005年上半年，虚构类与非虚构类排行榜上，长江文艺出版社北京图书中心出版的图书占有1/10的份额。因此,一个企业要想在市场竞争中立于不败之地,必须在体制与机制上,在组织结构与生产流程上,进行改革和创新,构建与市场竞争相适应的组织。

此外,从《狼图腾》的成功出版与输出中还可以看到,人才在其中所起的重要作用。中国的出版企业要实现走向世界的战略,达到世界水平的市场化程度,尊重人才,为人才提供可以施展才能的平台至关重要。在《狼图腾》版权的输出过程中,如果没有金丽红等人曾经与世界出版巨头打过交道的经验,不去制订适合不同语种需要的版权贸易方案,《狼图腾》就不可能如此广泛地走向世界。从《狼图腾》走向世界的个案中可以看出,发现人才、培养人才、尊重人才、充分发挥人才的聪明才智和责任心,是版权贸易成功的重要保证。

最后需要强调的是,中国图书走向世界,不仅出版工作者需要做出努力,政府有关部门也要统筹考虑。在制定中国社会长期发展战略时,政府不仅要考虑经济的发展,还要考虑增强中国的文化生产力,在政策支持、奖励措施上鼓励向外输出中国文化,不断扩大中国文化在世界上的影响。

(原载于《中国编辑》2006年第6期,本文有删节)

周百义:湖北长江出版传媒集团副总裁。

章雪峰:湖北长江出版传媒集团综合部副主任。

版权输出成功典范——《狼图腾》

2005年,在我国图书国际贸易处于严重逆差的背景下,长江文艺出版社出版的小说《狼图腾》(姜戎著)却大规模进入英文主流文化市场,并且创下了我国版权对外贸易中版税率、预付金额等多项第一,堪称版权输出的成功典范。截至2008年,该书的版权几乎覆盖了所有主要语种,已经出版有英文版、法文版、意大利文版等26种语言文字的版本,并在全球110个国家和地区同步发行。

《狼图腾》之所以能够如此成功,是多种因素合力的结果,其中最基本、最重要的因素就是其内容的原创性与独特性。

"内容为王"是该作品走向成功的重要因素,也是它成为世界文学作品的前提条件。作者姜戎10年磨一剑,十一年的草原生活是其写作素材的源泉,草原游牧民族的多彩生活以及关于狼的动人传说赋予他创作灵感。

阅读《狼图腾》的第一感觉就是真实,场景宏大,情节惊心动魄。《狼图腾》以中国上世纪六七十年代为背景,讲述草原游牧民族与狼之间的感人故事。它深切关注现实生态，讲述了狼性、人与动物、人与自然以及民族文化的冲突。作者以饱含深情的笔触，向读者展示了东亚草原未被破坏之前，那种人与自然和谐相处的天堂般的美丽。《狼图腾》能写得如此生动鲜活，无疑与作者独特的经历密切相关。

《狼图腾》的成功说明，文学不是速成的，它是生活的积累，是亲身经历的提炼，是生命的积淀。

一本国内畅销书能否被国外读者所接受和喜爱，还要看书中传达的文化是否具有国家间的相通性，能否引起读者心理上的共鸣。

首先，《狼图腾》之所以能够迅速走向世界，是因为它契合了当今世界关注的焦点问题（生态平衡、文化冲突），反映了人类的共同文化。书中描写的草原由茂盛到沙化的过程和悲凉景象，让读者的心为之滴血；它所表达的人与自然和谐相处的价值理念，正是人类共同追求和为之努力的目标。

其次，书名起到了画龙点睛的作用，能够吸引国外读者眼球。"狼"是一种人们熟悉的动物，可以作为承载人类共同文化的载体；"图腾"是一种古老的宗教信仰，是最早的社会组织的标志，极富神秘感。"狼图腾"的字面含义——以读者熟知的载体传播具有中国特色而带有神秘感的文化，这样的书名必然引人注目。

此外，海外版的《狼图腾》经作者同意删除了书中部分议论和非小说的文字，使整部作品更加流畅和生动，解决了文化和语言的沟通障碍。这种修改使原书重点突出，更快地融入国外主流市场。

《狼图腾》版权输出的过程中，其环环相扣的运作模式值得我们学习和借鉴。

在发行策略上,《狼图腾》在国内发行的成功为其"走出去"奠定了基础。

长江文艺出版社锁定《狼图腾》后,该社北京图书中心以最快的速度出版该书,抓住机遇,抢占市场。自2005年4月中文版发行以来,到2008年,共计发行240万册,曾连续17个月位列全国文艺类图书发行排行榜的前三名;其电视改播权和影视版权也成功售出。

2005年8月30日,英国企鹅出版公司以10万美元预付款、10%的版税率与长江文艺出版社签署合约,买下《狼图腾》一书的全球英文版权。兰登出版集团于2005年法兰克福书展上,重金购得《狼图腾》的德文版版权。法国Bourain出版社于2008年1月出版《狼图腾》法文版。至今,《狼图腾》海外版权销售已达26个语种。

从以上材料可以看出,《狼图腾》在国内图书市场上的热销增加了它的商业价值,使得出版社在谈判中增加了筹码,赢得了高价。

在宣传手段上,方式多样。与有些出版单位在版权交易会上寻找机会,依赖版权代理公司的方式不同的是,《狼图腾》请熟悉中国文化和英语的人撰写书评,争取刊登在西方世界的主流报刊上,以吸引国外出版商的注意。同时,在北京举办新闻发布会,《狼图腾》的英文译者、美国汉学家葛浩文先生特邀出席。他们还多渠道进行推介,如通过网络发布电视短片、积极与影业公司联系洽谈电影版权等。

在翻译环节中,高度重视翻译质量,聘请了最优秀的翻译家。《狼图腾》的英文版由美国著名汉学家葛浩文先生翻译,译本体现了葛浩文教授一贯的高标准,为了准确翻译书中众多的蒙语词汇,他曾专门找到一位内蒙古大学的学生来帮忙。企鹅出版集团对英文版《狼图腾》的信心，正是来源于对著名美国汉学家、翻译家葛浩文先生的无可替代的高超译文的信任。从《狼图腾》版权输出的成功我们可以看到，翻译环节至关重要。

在与国外出版机构的合作上，判断准确，选定企鹅。企鹅出版集团（培生旗下）有100多年的历史，以出版大众和少儿读物为主，曾出版发行过英文版的中国书籍如《红楼梦》和《围城》，以及苏童、莫言的小说。《狼图腾》作为中国原创性作品于2007年在全球英语国家同步发行，这是首次在全球英语国家同时出版和发行一本当代中国作家的作品，这意味着这本书将如《哈利·波特》一样，英语国家的读者会在同一时间看到。与企鹅出版社合作，也是此书版税可以创纪录的原因之一。

总之，《狼图腾》的成功不仅仅体现在经济效益上，更重要的是对中国文化的弘扬。它以独具特色的文字和内容反映了人类共同的文化和价值观念，并阐释了中国人对于世界焦点问题的看法，成为外国人进一步了解中国、了解中国文化的重要窗口。

（原载中国对外图书推广网）

案例五:《江边对话——
　　　　一位无神论者和一位基督徒的友好交流》

书　　　名:《江边对话——一位无神论者和一位基督徒的友好交流》

作　　　者:(中)赵启正　(美)路易·帕罗

出　版　社:新世界出版社

出版时间:2006年(中文版)　2007年(其他文版)

出版文版:中文、英文、西班牙文、韩文等

【案例概述】

《江边对话——一位无神论者和一位基督徒的友好交流》是新世界出版社于2006年完成的重大外宣图书项目。该书由国务院新闻办公室原主任赵启正和美国著名宗教领袖路易·帕罗的三次谈话内容辑录而成。这种东西方文化之间、宗教信徒与非宗教人士之间的真诚对话，是中美以及中国和西方世界在宗教问题上相互了解和理解的极好范例。由于作者的身份，其权威的声音引起美国及西方人的共鸣，同时也填补了中国当代宗教敏感话题对外出版工作的空白。

《江边对话》自出版发行后，受到广泛的赞誉和影响，荣获中国外文局2006年优秀图书奖，中国外文局2008年优秀版权输出奖；2008年不仅荣获第二届"中华优秀出版物奖"的提名奖，还成为北京奥组委重点采购推介的图书品种；2009年又获得了新闻出版总署颁发的"优秀版权输出奖"。

截至2009年底，该书中英文版在国内已分别重印了四次，国内外已经销售7万余册。贝塔斯曼、哈珀·柯林斯等国外著名出版机构购买了多个文版的版权，在美国已出版英文及西班牙文市场版，2009年韩国著名的熊津出版集团出版了韩文版。法文版、日文版、荷兰版和土耳其文版的出版工作也正在筹备之中。

【案例评析】

《江边对话》是如何成功"走出去"的?

张海鸥　钟振奋

　　《江边对话》各文版在海外市场的成功出版发行,是实践中央外宣工作"三贴近"原则(贴近中国发展实际,贴近国外受众对中国信息的需求,贴近国外受众思维习惯)的成功案例,也是执行中国政府倡导的"中国图书对外推广计划"的又一创新模式。作为参与和实践者,回想《江边对话》的运作出版过程,其成功之处在于一些不可或缺的因素被我们始终关注、并最大限度地发挥了它们的作用,这才使得《江边对话》成为海内外均获好评的"双效益"图书。

知名作者的合作具有强大感召力

　　中方作者赵启正曾担任国务院新闻办公室主任多年,还因领导开发上海浦东开发区,被西方舆论界熟知。他知识渊博、语言生动,深谙如何与外国人打交道,因而赢得国内外受众的好评。他的著作《向世界说明中国》系列(新世界出版社版)、《中国人眼中的美国和美国人》(五洲传播出版社版)、《在同一世界》(辽宁教育出版社版)、《浦东奇迹》(五洲传播出版社版)等深受读者欢迎。

美方作者路易·帕罗是美国著名基督教福音派领袖,阿根廷裔的美国布道家,曾在世界100多个国家布道,听众成千上万,在美国及拉美国家很有号召力,他的观点甚至可以影响美国总统。他热爱中国,"感觉到自己可以张开双臂,拥抱13亿中国人,尤其是中国的年轻人"。他出版过数十本著作,其学识、口才和个人魅力可见一斑。

这样两位具有不同文化背景、不同信仰的人展开对话,他们的思想碰撞,正好满足读者的阅读期待,自然容易引起广泛的关注。作者是图书的生身父母,选择好的作者是策划好的图书的先决条件。《江边对话》一书从策划到后期推介均充分意识到作者的感召力并有效地加以利用,从而在推广上达到了事半功倍的效果。

题材和内容的选择保证了图书的品质

中国的快速发展,日益引起世人的瞩目,在国外出版有关中国的图书正逢其时。如何向世界介绍中国?从哪些选题着手?正是中外出版人关注与研究的课题。近年来,有关国外出版中国选题图书的调查显示:历史地理类图书最受欢迎;其次就是宗教哲学类图书。

中美两国在宗教问题上长期存在着分歧和误解。赵启正和帕罗的对话,正是中美以及中国和西方世界在宗教问题上相互了解和理解的极好题材。新世界出版社敏锐地意识到这个题材将在宗教界产生深远的影响,其权威的声音将会引起美国及西方人的共鸣,同时将填补中国当代宗教敏感话题出版工作的空白。

《江边对话》书名出自2000多年前庄子与惠施的那段著名的"子非鱼"的"濠梁之辩"。两位作者所谈论的话题深入而广泛，从《圣经》、《论语》到牛顿和爱因斯坦的科学见解，从"终极关切"到哲学的美以及"和谐社会"。两人还谈到彼此的信仰、对双方文化的理解和误会。毫无隔阂的对话不断擦燃思想的火花，打造出了一种和谐交流的境界。当今世界上大多数的人是宗教徒，其中基督教和天主教徒占多数。了解宗教，了解基督徒的信仰，是我们构建和谐社会乃至和谐世界的重要途径。当前的西方世界仍有不少人认为，既然中国共产党都是无神论者，中国政府当然会反对宗教和迫害宗教。在《江边对话》中，赵启正用事实说明了中国政府的宗教政策，介绍了中国宗教的实际情况；帕罗则以自己在中国各地的观察印证了赵的叙述，对西方读者来说，这是了解真相的可靠途径。

《江边对话》的内容紧扣宗教领域中东西方精神世界的敏感话题。两位智者通过广泛深入的对话，探讨了彼此的信仰，毫不回避彼此对上帝、今世和永恒的看法在很多方面的迥然不同。帕罗先生认为验证上帝存在的实验室就在人们心中，心中认定了上帝的存在，便能与上帝沟通。赵启正先生则认为，这个实验室在人们的心外，验证了上帝的存在，才能与上帝沟通。正是这种深刻的不同、迥异的分歧才使双方更深入地了解和相互尊重，双方的友谊更加深厚，对话中睿智和精彩迭现。美国前国务卿乔治·P·舒尔茨称"这一友好对话以卓越的洞察力，深入探讨了价值观与生命本质的相互关系。阅读此书，您会备受启发"。

这样的选题内容深深地吸引了对该话题感兴趣的中外受众人群，阅读者随着作者的谈话深入,感受作者之间思想火花的碰撞,体会两种文化、两种哲学的差异与交汇点。通过这种形式告诉人们,世界上不同国家、不同宗教信仰、不同文化背景的人们,是可以真诚交流并建立友谊的。

《江边对话》给国内外读者最大的启示不是统一思想而是交流思想,从而把历史上精神世界的对抗时代转化为对话时代。正如中国国学大师季羡林所言:"这是东西方文化之间、宗教信徒与非宗教人士之间的一次真诚对话,可谓开创之举。"

以对话形式增加图书的亲和力

《江边对话》以对话交流的形式,为该书平添了亲切感和真实感。两位作者的真挚、坦诚,使《江边对话》既耐人寻味又开卷有益。例如,赵启正结合中美两国的历史,指出二战期间牺牲在中国战场上的美国士兵中的许多人就是受到了宗教的公义精神所激励。而对于西方普遍关心的中国人权问题,他的看法是:"人权问题,世界各国都不完美,美国和中国也不例外。如果人类的人权都十分完美了,上帝就没有任务了,人类自己就不必努力了。"将"人权"与"上帝"联系起来,语气诙谐又不乏哲理的深意。其实历史上的许多传世之作都采取了对话的形式,如中国的《论语》、《孟子》,西方的《圣经·新约》、爱克曼的《歌德谈话录》等。但记录一位无神论者与一位有神论者的对话和交流,《江边对话》可以说是首创。

两位作者作为东西方文化的代表,打破了意识形态的隔膜,通过努力创造了具有不同文化背景、不同信仰的人深刻交流的范本。帕罗本人也认为,美国应该学习这种对话方式,即在相互尊重的基础上展开和平、坦诚的对话。美国应该明白,阐明观点并不非得通过攻击对方来实现。表达方式对于贴近并打动目标读者十分重要,同时也体现出图书的风格和气质。

优质的译文为对话传神添彩

翻译问题一直是中国图书"走出去"的瓶颈。中国外文局原局长、中国译协顾问、著名翻译家林戊荪先生作为本书的译者,其所拥有的学识、素养,以及深厚的翻译功底,完美地传递了原文的信息。他曾翻译和参与翻译出版过《孙子孙膑兵法》、《南京大屠杀》、《丝绸之路》等多部著作,是我国著名的中译外翻译家之一,在这一领域有很高的造诣。帕罗先生曾高度称赞林戊荪先生的译文"传神、准确",可作为"英文精读课本"。优质的译文为两种文化和哲学之间的沟通和交流起到了很好的桥梁作用,不仅为目标读者提供了其熟悉的语言氛围,还为《江边对话》一书顺利走向海外市场奠定了坚实的基础。由于无障碍的沟通,《江边对话》的出版不仅引起了中外媒体的争相报道,还在美国政界、宗教界、文化学术界引起了不少的关注。

精选的插图与智慧的文字相得益彰

《江边对话》最后呈献给读者的是图文并茂的形式。在制作过程中,所有参与工作的人员信奉的是"没有最好,只有更好"的原则,力求从各个环节做到精益求精。

该书作为一本高质量的对话集，字数有限（只有4万多字），如果做成纯文字的图书就会显得很单薄，没法显出此书的份量。只有在插图方面下功夫，通过图片的托衬把它做成一本形式与内容相得益彰、具有时代气息的全彩图书，尽量做到"赏心悦目"，才能达到预期的目标。选择好的插图让该书责编费尽心思，这些千方百计找来的插图来源曲折：其中，除去责编亲自拍摄外，还包括将亲戚家压箱底的《四书集注》借来翻拍，托人拍摄美国教堂的彩窗、上海浦东的高速列车等等。为了表达在黄浦江边对话的气势，封面照片原先想选用一张黄浦江全景图，但一直没找到合适的。经多方寻求，最后找到了上海飞行学校资料上的照片。责编与美编边制作边揣摩效果，如果直接用照片，就会显得太实，也没有特色，于是对照片进行了后期处理，使其有一种水粉的效果。通过多种途径，从数千张图片中筛选出97张作为该书的插图，使全书做到了10个印张左右，再选用100克纯质蒙肯纸，对照片进行了后期处理，使此书具备了良好的品相。

以最直接的推广方式促进社会影响力的扩大

2005年5月至11月，赵启正和帕罗在北京和上海进行了三次对话并签署了上海会谈《谅解备忘录》，决定将对话的内容结集出版。2005年底，赵启正聘请具有丰富版权输出经验的外文局副局长、总编辑黄友义为此书的国际版权代理人，新世界出版社马上争取到出版此书中国国内中、英文版的权利。

案例五：《江边对话——一位无神论者和一位基督徒的友好交流》

在编辑阶段，中英文稿都进行了反复的推敲。其中仅赵启正的谈话文稿在进入编辑环节前，就已修改了12次。中文定稿后，责编又一遍遍地对文字进行推敲与润色，并对其中的引文一一查核，发现有疑虑的地方及时与作者沟通。帕罗的英文稿几经周折，经过多次谈判，美方最后终于同意按我方的英文定稿出版。

文稿定型后，出版社预先散发了数十册试读本，广泛收集国内外各界学者、名流，如中国著名学者季羡林、国家宗教局原局长叶小文、中国社科院世界宗教研究所所长卓新平、美国前总统克林顿、美国前国务卿舒尔茨、美国著名的国际投资银行家和公司战略家库恩、日本原通商产业事务次官福川伸次等人的读后感和评语，认真听取目标读者的意见，这些人从图书内容、包装、营销等环节都提供了很多有益的参考建议。

在发行阶段，出版社采取了有节奏的推广活动。2006年8月31日，在北京国际书展上，出版社利用国际书展的号召力，邀请赵启正参加媒体见面会，在现场开展独特的新书签赠推介活动，立刻引起中外媒体的广泛关注，新华社、《中国日报》，美联社、法新社，美国《华盛顿邮报》、《基督教科学箴言报》，香港《南华早报》等多家媒体均给予报道，学者及各界名流的书评纷纷见诸报端，形成了很好的社会影响力。

2007年3月，许嘉璐副委员长在十届全国人大五次会议上，大力推介《江边对话》，使该书成了代表们争相阅读的一本热门图书；《江边对话》还在宗教界产生了深远的影响。曾经有上海、广东、云南等地的基督徒打来电话，反映此书在教徒中流传很广，宗教信徒与非宗教人士都希望出版社能多出类似的好书。

2008年2月20日,《江边对话》英文版在纽约举行了发布仪式,这是出版社对外图书走进受众的最直接的方式,是我们推广营销走出去的进步。时任中国国家宗教局局长叶小文、新闻集团董事长默多克,以及美国新闻出版界、宗教界和商界的知名人士、媒体记者250余人出席了发布会。首发式吸引了《纽约时报》、《纽约邮报》、福克斯电视台等美国主流媒体及《人民日报》、中央电视台、中国新闻社等媒体的驻美记者到现场采访;美国哥伦比亚广播公司前著名主持人唐·诺泽、《今日基督教》杂志、信仰网络等还专访了两位作者。媒体的宣传为《江边对话》的推广发行起到了推波助澜的作用。对该书的评论,特别是诸如中国国学大师季羡林、中国社科院世界宗教研究所所长卓新平、美国前国务卿乔治·舒尔茨、著名学者罗伯特·劳伦斯·库恩、美联社前社长马斯·科利等名人的书评,起到了引导中外读者阅读、推动图书销售的作用。

知名出版商的合作强化了对外出版的组织保障

2007年1月,世界传媒巨头之一的贝塔斯曼集团代表在北京签署代理《江边对话》北美俱乐部英文版以及德文、法文和西班牙文版的出版协议。2008年1月贝塔斯曼北美俱乐部英文精装版出版。

2007年下半年,哈珀·柯林斯出版集团与新世界出版社签署了《江边对话》北美英文市场版、西文市场版的版权贸易协议,2008年2月北美英文市场版、西文市场版相继出版。

中国国际出版集团(中国外文局)是中国开展对外出版的专业机构,在海外业界有较强的人脉关系,国际合作能力强。除自主策划出版

案例五：《江边对话——一位无神论者和一位基督徒的友好交流》

各种外文书籍外，每年图书版权的输出数量在全国出版界名列前茅，是对外出版的排头兵。其麾下的新世界出版社是近年中国出版界进步较快的出版社，有较强的市场运作能力。购买该书版权的哈珀·柯林斯隶属美国新闻集团，是全球最大的英文出版集团之一，业务遍及全球的英文图书市场。近年来，哈珀·柯林斯出版公司一直十分关注中国图书市场。时任首席执行官简·弗里德曼女士对华友好，是国务院新闻办公室聘请的"中国图书对外推广计划"的外国顾问。具体负责出版该书的宗德万出版社是哈珀·柯林斯出版集团中以出版《圣经》著称的出版社。贝塔斯曼集团是世界四大传媒巨头之一。这几家出版单位的联手可谓强强合作。在合作进程中，新世界出版社不断近身学习国际大集团运作畅销书的理念及方式，使《江边对话》成为新世界出版社在海外版权输出方面的成功案例。

总之，本书是在国务院新闻办、国家宗教局、新闻出版总署、外交部、中国国际出版集团、中国友联会的通力合作支持下，才获得了国内外出版推广的成功，在它的运作过程中的确有不少突破创新的经验值得总结借鉴。我们希望能有更多的《江边对话》代表着中国文化、中国图书走向世界；我们希望能有更多的外国读者通过阅读中国书籍而了解中国；我们希望能有更多的赵启正和路易·帕罗让世界各国的人们通过对话相互了解并成为朋友。

张海鸥：新世界出版社副总编辑。

钟振奋：新世界出版社总编辑助理，《江边对话》责任编辑。

交流、理解、探索、友谊、和谐

林戊荪

有关科学、宗教，尤其是神学、哲学的书籍，往往不为大多数读者所青睐。但新世界出版社的新书《江边对话》非同一般，它有自己独特的视角，使用的是通俗的语言。所以人们，无论是青年、中年还是老年，即使过去没有涉猎这些主题的，都可以从这两位有着截然不同的文化、意识形态和职业背景的公众人士的思想交流中获得启迪和乐趣。

这本书记录了中美两位高层人士的思想交流——不时还会出现相当激烈的交锋——双方不断向对方提出问题，同时也不断企图解答这些问题。但正如孔子所提倡的，君子之争应该像一场传统的射箭比赛，赛前相互作揖谦让，赛时全力以赴，赛后彼此对饮，表示领教对手之长（《论语.3.7》，"揖让而升，下而饮，其争也君子"）。他们比的不是谁射中的多少，不是谁是谁非，而主要在于谁的论点和论据更有说服力，更能体现自己的风格。所以，在这场文化对话中，解答双方讨论的问题，要靠读者自己去思考，去寻求，这就更增加了这本书的魅力。

赵启正曾多年担任我国政府发言人，但他的权威性不完全源于他的

案例五：《江边对话——一位无神论者和一位基督徒的友好交流》

身份，更多的还在于他态度诚恳、知识渊博、思路清晰、语言生动，因而赢得国内外受众的欢迎。2005年他的《向世界说明中国——赵启正演讲谈话录》，和2006年的《向世界说明中国——赵启正的沟通艺术》在市场上畅销就是有力的证明。现在他已退离官位，但仍然活跃在对外传播界，参加各类国际会议，还是中国人民大学新闻学院的院长，可以说是我国公认的形象大使。路易·帕罗是美国著名拉美裔的布道家，经常在美国和世界各地布道，每每听众成千上万，反应热烈，还出版过数十本著作，他的学识、口才和个人魅力可见一斑。

赵启正在《江边对话》的发布会上说，他在此书中代表了我国知识分子，这确实是由衷之言。他的发言体现了中国知识分子的良知和向往，他们对祖国的热爱、对社会的关怀、对老幼病贫等弱者的同情、对真理的追求。他说明，虽然中国传统的入世哲学基本上没有涉及宇宙和生命起源等"终极问题"，而且中国人大多不信教，但同样可以有着丰富的精神生活，崇高的个人理想、社会道德等价值观念。但，我认为，赵启正发言中独到之处，也是最有说服力和吸引力的地方，还是他所体现的科学精神和科学方法。在肯定《圣经》的文学、历史和伦理价值的前提下，他对其中"创世论"的分析，特别是对光早于太阳的说法，提出了一个物理学家的质疑。而"创世论"又是神存在的不可少的依据。他强调，仅仅靠想象和推理是不够的，还要有实证。实验室里的实证或现实生活中事实和数据的验证，这些是任何其他权威所无法代替的。大家知道，这种方法是近现代科学发展的前提和依据，当代自然科学的惊人发展和成就一再证明它的有效性。

以前赵启正曾是一位核物理学家，他担任国务院新闻办主任不久，就在一次记者招待会上以这一科学精神，用事实和数字，有力地驳倒了美国议员考克斯造谣我国盗窃美国核机密的报告，使这个无知的政客输得精光。关于"考克斯报告"的新闻在美国被评为当年十大坏新闻之一。

帕罗是位美国神学家，又是颇具影响的布道家，有学识，多年来往来于全球各大洲，与广大群众有着密切联系，他以自己的激情和雄辩之才，赢得不少的信徒，可以说是一位现代西方基督文化的杰出代表。他曾多次表示自己对中国人民、中国文化的特殊感情。在对话中，他为自己的宗教信仰做出有力的说明和"申诉"。他说，有不少大科学家也是基督徒，这说明科学并不能解决人类、社会和个人的所有难题和困惑，人们在物质需求之外，还有对神、对来世的期望。他认为宗教是社会的黏合剂，真正的宗教徒应尊重无神论者，因为后者往往对神的存在与否有过认真的思考。我以为，无论是有神论者或是无神论者，教徒或非教徒如果都能像帕罗那样对对方持有宽容的态度，我们的世界将会赢得和平。两位对话者一致的意见是，孔孟之道与基督教的教义有着众多的共同点，这些都是人类精神财富的精髓，也是不同文化之间交流的基础。正是在这种交流和理解的基础上，赵启正与帕罗建立了牢固的友谊。

人们对客观的认识是不断深化的，需要上下求索，终身学习，包括向不同文化和持不同观点的人学习。认为自己已经掌握所有真理而别人一切不同看法都是错误的人，往往是视野狭隘、思想僵化、坐井观天的愚人。《江边对话》的两位智者不断提出问题，不断寻求答案，通过发人深思的交流，为我们提供了认识客观世界，探求真理，播种友谊和互相了解的途径和方法。

案例五：《江边对话——一位无神论者和一位基督徒的友好交流》

其实，真正的有效交流并非易事，既要有尊重对方和容纳百川的心态，又要有优异的理解力和表达力，做到跨越语言和文化的障碍，做到言之有物、言之有理。两位出色地显示了自己在这方面的才华。处于网络时代的今天，不仅是那些有志于传播、特别是对外传播事业的同行，即使是那些有志于学习交流艺术的青年，也可以从中汲取营养。

总体上说，这是一本严肃的书，涉及困扰人类的一些重大问题，但读来却没有任何沉重感；正相反，由于谈话起伏跌宕，时而带有幽默和激情，使人兴趣盎然。如，帕罗对赵说，你对《圣经》的概括真好，你可以当传教士了；赵对帕罗说，我要小心，否则会被引入歧途，还说，我们是好朋友，要是能上天堂，我一定会去找你，让我们先交换联系密码，免得失之交臂。这些都体现了前面所提到的对话风格，让读者时而发出会心的微笑。

林戊荪：中国外文局原局长，《江边对话》的翻译者和校核者。

上帝真的存在吗

(美)罗伯特·劳伦斯·库恩

在人类追求了解"终极事实"的漫长历程中,科学与宗教的碰撞也许是两种截然对立的世界观之间最具有意义的冲突——上帝是否真的存在?这个永久性的争论就那么横亘在两者之间。

在19和20世纪,许多科学家和社会学家猜测,尽管宗教满足了人类内心深处的某些需求,并因此可能具有一些心理治疗的好处(就社会团结、慈善、控制不良行为等方面来说),但社会总的趋势是:随着科学知识的增长,宗教将会"凋零"。

可是,令许多人——尤其是科学家和学者——感到意外的是,宗教并没有"凋零"。实际上今天人们对宗教的兴趣在增长,而不是减少。

正是在这个背景下,有一本书在中国应时而出——《江边对话》,中国国务院新闻办原主任赵启正与著名的国际传教士路易斯·帕罗进行了一系列的对话。对话内容涉及到《圣经》与上帝、创世纪、宗教与鬼魂、中国的宗教信仰、中国与西方的文化和哲学、宗教与科学,以及宗教与社会和谐等。

这是一次开创性的努力。正是类似的议题才使得人类更加智慧、更加警醒，加深他们对现实的了解。我十分赞赏赵启正先生对智慧的孜孜以求，赞赏他的勇气，敢于涉及这个无论在中国还是世界都十分具有争议的话题。

曾经接受过核物理教育的赵先生对基督教信仰体系不仅了解而且理解。他阅读过《圣经》，而且他发现其中的一些典故、警言和诗句具有艺术美，他甚至建议："《圣经》值得一读。"当然，他没有将《圣经》尊崇为上帝的启示录。

赵启正的经典问题"为什么"是贯穿全书的主题。他用科学家的语言解释了不信教的原因："我只了解存在的东西、具体的东西和实实在在的东西……我无法了解超自然的概念。"确实，宗教的超自然内容正是导致赵启正和帕罗意见分歧的主要原因。而在有关宗教的社会贡献方面，双方的共识就要大得多。

在一位无神论者与基督教徒进行对话时，无神论者不可避免地会提出"邪恶的论证"：如果存在一位无所不知的、全能和全善的上帝，那么世界上怎么可能存在邪恶的暴行？不仅人类难以避免"道德恶行"，地震、水灾、疾病等"自然恶魔"也时常逞凶。

正如人们所预料的，基督教徒们对"邪恶的论证"自有答案：上帝创造人类时可能并不享有真正的自由，因此也没有赋予人类在施恶和受害之间的自由选择。

《江边对话》向普通人很好地阐示了他们过去所知甚少的科学与宗教之间存在的问题和争议。

科学与宗教的对话是对事实本质、知识鉴别和人类在宇宙中所处位置所进行的一种根本性探讨。我很欣喜地看到,赵启正和帕罗将有关科学与宗教的辩论带给更广大的受众。这个辩论是中国社会持续进步的象征,同时也是反映中国读者的思想日益成熟的标志。

罗伯特·劳伦斯·库恩(Robert Lawrence Kuhn):美国国际投资银行家和公司战略家,现任花旗集团公司执行董事,同时还担任库恩基金会董事长和库恩全球资本公司董事长。

案例六:"老人家说"系列

 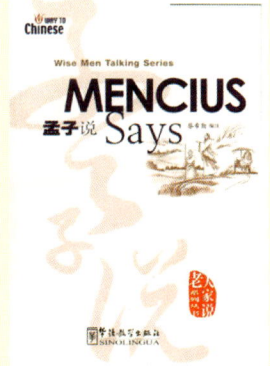 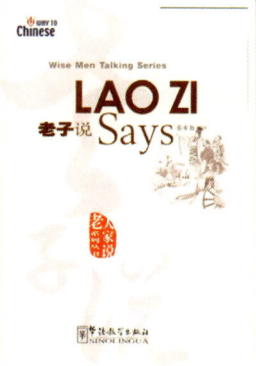

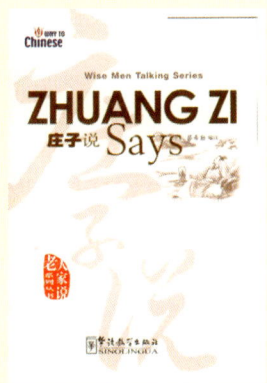 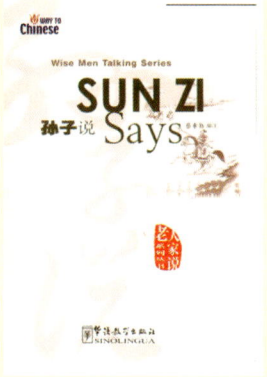

书　　　名:"老人家说"系列

作　　　者:蔡希勤

出　版　社:华语教学出版社

出版时间:2006年

出版文版:英文、阿拉伯文、印尼文、中文繁体

【案例概述】

"老人家说"是由华语教学出版社出版的一套对外介绍中国传统文化的系列图书。全套丛书计划出版十册,内容包括中国春秋战国时期十位著名思想家的名言警句集录,并配以精彩的插图,以文白、汉英对照的形式出版。2006年先期出版了《老子说》、《孔子说》、《庄子说》、《孟子说》、《孙子说》五册。该套丛书对中国古代哲人深奥的经典名句,以简单明晰的解释、看图识文的方式,将传统文化的老题材做出了新意。

该丛书出版后不到一年,首版印制的3000套即销售一空。至目前为止,五本书已分别加印两到三次,销售约3万册,远销美国、加拿大、瑞士、俄罗斯、南非、澳大利亚、韩国、日本、新加坡、马来西亚、印度、中国香港等国家和地区。这套书也获得了政府相关部门的认可,广泛将其用于对外宣传。国务院新闻办公室曾一次订购1000套(5000册),用以对外弘扬中华文化。中国国家汉语国际推广领导小组办公室(简称国家汉办)也将该套书列为规划教材辅助读物,供全球300多所孔子学院选用。除图书销售外,这套书的版权也先后输出到黎巴嫩、俄罗斯、印度尼西亚、越南、马来西亚、新加坡、中国香港等多个国家和地区,并在当地市场有不俗的表现。

【案例评析】

对外出版要做到有的放矢

韩 晖　蔡希勤

不断修正中国文化对外出版的理念

华语教学出版社是一家以出版外国人学汉语教材为主的专业出版社，一直坚持着对外出版介绍中国传统文化的工作。我们成功策划出版"老人家说"系列丛书，有一个过程，这个过程其实很长，可以说是我们在不断修正对外出版物如何做到有的放矢的过程。

说到"老人家说"系列丛书的策划，我们首先要回顾我社策划出版的另一部儒学经典《论语》。十五年前，第三届世界儒学大会在北京召开，本套丛书的作者蔡希勤先生组织编译了《论语》这部儒学经典，以文白、汉英对照出版发行。当时世界上已有不下二十多个《论语》英译本，其他文种的译本也有几十种，但其准确和完整性却不能使人满意。而这部书的编译水平却受到了当时中国孔子基金会和世界儒学大会的专家们的认可，他们认为《论语》的白话译注"十分准确、精辟"。大会一次订三千册，与会代表人手一册。我们这个文白、汉英对照版本所以能被认可，正是适应当时读者的需要。该书在美国、欧洲、澳大利亚发行后都有很好的社会反响。这次策划出版"老人家说"系列丛书就是由当年成功策划出版《论语》间接引起的。

国家汉办为适应世界各国越来越多人学习中国文化的需要，正在世界各地筹建孔子学院，这对我们对外出版中国传统文化教材提供了"天时地利人和"之便。但是，过去我们有一个观点，即传统文化就是儒家文化，这不能不说是我们受到了儒学传统教育的束缚。对我们这一观点海外读者并不认可，因此这种盲目地以我为主的思想就出现了偏颇的、无的放矢的外宣效果。以道家学说为例，《道德经》在16世纪初就被译成西方文字传入欧洲，仅德文译本就多达80多种。德国几代哲学家，从莱布尼茨到康德、黑格尔，无一不得益于老子的《道德经》。德国哲人尼采称赞《道德经》"像一个不枯竭的井泉，满载宝藏，放下汲桶，唾手可得"。特别是第一次世界大战后，老子"天人合一"的思想理念、"道法自然"的处事原则、"无为而治"的行为方式被西方哲人认定是拯救西方文化的处世良方。1919年英国著名哲学家罗素访问中国时，听到了《道德经》中的几句话，他极为惊叹——两千多年前中国能有如此深邃的思想。20世纪70年代美国总统里根听到老子"治大国若烹小鲜"这句名言时曾大喜过望。由此可知，海外读者对中国传统文化的接受不是单一的、片面的，倒是我们自己的单一片面的思想束缚了我们的对外出版。

为读者提供中国先哲智慧和哲理的通俗读本

一本书能否得到市场的认可，读者定位是否准确是关键。在这套图书的策划中，我们充分分析了市场上已出版过的类似的选题，同时根据华语教学出版社多年积累的对读者需求的了解和判断，做出了准确的定位。

我们发现非常多的海外读者需要更多、更全面地对中国传统文化的代表人物的介绍，需要更加简单易懂的传统文化的代表性著作。他们对那些充满哲理的名言警句更感兴趣，因为他们中的大部分人是无法读懂那些艰深的经典原著的，我们似乎也没有必要让他们在中国传统文化面前望而生畏。对大多数读者的这种需求，我们了解到了，就争取做到，于是我们决定策划这套"老人家说"系列丛书。

在中国历史上，春秋战国时期是中国古代思想高度发展的时期，学术思想在当时比较宽松的政治环境下异常活跃，出现了以孔子、老子、管子、墨子、荀子、庄子、孙子、孟子等为首的很多被后人尊称为"子"的老人家。他们分别代表了儒家、道家、墨家、名家、法家、兵家等不同思想流派。

这些老人家留下了浩如烟海、光辉灿烂的学术经典，他们的哲学思想也流传到西方，受到很多西方哲学家的推崇，进而被更多的西方人关注。在今天，虽然不乏热爱中国传统文化的人士研读这些经典，但是，能够读懂这些经典的人是不多的。更多的读者，特别是海内外年轻的朋友们，恐怕只能站在中国传统文化这座宝藏面前兴叹。其实他们更愿意记诵几句这些先哲们充满智慧和哲理的、至今仍然熠熠发光的至理名言，得到精神上的满足。我们策划的这部"老人家说"系列丛书正是为了适应这些读者的需要。

以简单明晰、看图识文的形式将老题材做出新意

纵观国内外图书市场，这类题材的图书比比皆是。如何把老题材做出新意？这是项目在策划中面临的挑战。有了明确的读者定位，还需要有不同于其他已出版的同类题材的形式。根据我们对读者的定位，我们力求以最简单明晰的形式，让更多的读者感受到中国传统文化的内涵。在内容选取上，每一位老人家，不管他是儒家、道家、法家、兵家，都只选他说的100句话，这100句话自然是从那浩瀚的典籍中精选出来的，能够代表他的主要思想，而且又是精辟的、富有哲理的、琅琅上口、便于记诵的。对此加以注释，译成现代文，再译成英文，一面是图画，一面是文字，可读可想，可品可赏，一切为读者着想。

这套图书另一个特色是每题一图，由绘画大家李士伋先生亲自为这套图书绘制插图。插图解读到位，具有创造性；画面清爽含蓄，具有欣赏性；解读文字生动准确，插图与文字之间相得益彰，看图识文，形成一种精神享受。这是本丛书成功的重要因素。

编辑出版"老人家说"这套丛书并不是轻而易举的事情，这些古代思想家的著作大多散乱、不完整，甚至真伪难辨。必须读懂他们的著作（当然也有一些因资料不足是始终读不懂的），再从中选取有代表性、哲理性、警示性而又便于记诵的语录，进行摘选、注释、翻译。配图对美术编辑提出了更高的要求，要理解语意，构思图画有含义而易懂。另外，一套丛书的封面设计及版式设计也是很重要的。本套丛书的封面古朴典雅，意境深远，好似一幅幅中国水墨山水画。借助成功策划《论语》以及《孔子名言录》、《孟子名言录》的经验，我们比较顺利完成了《孔子

说》、《老子说》、《庄子说》、《孟子说》、《孙子说》五本图书。

创造合作共赢的契机，将开端延续为长久的合作

这套书出版后，我们一方面注重图书的销售，另一方面也注重版权的营销，在两方面都取得了很好的成绩，至目前为止，已销售约3万册，远销美国、加拿大、瑞士、俄罗斯、南非、澳大利亚、韩国、日本、新加坡、马来西亚、印度、中国香港等国家和地区。更加值得一提的是，这套书的版权也先后输出到黎巴嫩、俄罗斯、印度尼西亚、越南、马来西亚、新加坡、中国香港等多个国家和地区。

以阿拉伯文版"老人家说"系列版权输出为例。黎巴嫩出版商ASP曾一度寻找以孔子名言为代表的中国传统文化题材图书。在他们看来，这种传统的文化精神非常具有普世性，其中的很多哲理是人类共同的精神财富，而孔子在阿语国家是广为人知的中国著名哲人的代表。华教社将"老人家说"系列积极推荐给该出版商。面对市场上众多同类题材的图书，该出版商谨慎选择，在经过反复比较权衡后，认为华教社的这套图书可读性强，插图优美。而在多次沟通中，华教社也了解到ASP旗下拥有阿语世界最大的网络书城，该出版商与各相关机构、与政府部门都有较好的合作，在阿语出版界具有一定的知名度，是一家实力值得信赖的阿语出版商。在版权合作过程中，谨慎选择合作伙伴也是非常重要的，因为一次好的合作的建立可能成为一个长久合作的开始，这次合作也许就是这样一次共赢的契机。所以，华教社也非常愿意促成双方的合作。经北京国际书展和法兰克福书展的反复谈判，双方就最终合作条件达成共识。这标志着华教社图书一开始就以一个较高的起点进入阿语市场。后来的销售情况取得了较好的回馈,在半年多的时间里,"老人家说"系列阿拉伯文版共销售了1800余套,共计9000余册。

另外值得一提的是,这套书同时获得了中国国务院新闻办公室"中国图书对外推广计划"和阿联酋穆罕默德基金会的支持。"中国图书对外推广计划"对该书提供了翻译资助;穆罕默德基金会一次性认购了1500套(7500册)图书,该基金会以阿联酋迪拜酋长的名义设立,旨在鼓励阿语国家出版商积极出版高质量的图书,更好地为阿语读者服务。

一套图书同时得到来自授权方与被授权方两国政府的支持,这也是不多见的。这从另一个侧面证明了该书在国际文化交流中所起到的积极作用。弘扬中华优秀文化的出版物在"走出去"的过程中,不但可以得到中国政府的鼓励,同时也可以得到对象国政府的支持。"老人家说"阿拉伯文版以其获得的两国政府机构的认可及其不俗的市场表现,真正实现了我国出版物"走出去"战略中社会与经济效益的双丰收。

而同时,黎巴嫩出版商也来函表示,"这是我们此生从未有过的一次最美好与最有成效的合作"。这套书良好的反馈,更加促进了双方的合作。2009年,该出版社又从华语教学出版社引进了数种图书,其中包括由国务院新闻办公室立项的重点外宣图书《中华文化趣谈》和《中国进行时》。可以说"老人家说"系列的版权输出使双方建立密切持久的合作关系有了一个良好的开端,是华教社图书进入阿语市场的第一步。

韩晖:华语教学出版社总编辑。

蔡希勤:副译审,"老人家说"编者。

"老人家说"贵在立意

徐明强

华语教学出版社出版的"老人家说"系列图书到目前已出版了五本,即《老子说》、《孔子说》、《庄子说》、《孟子说》和《孙子说》。这套书,从封面到内文,给人赏心悦目的感觉,尤其是图文并茂,中英文合排,更使这套书生辉不少。

这套书的出版适逢世界上"中文热",孔子学院在世界各地纷纷建立。美国教育部在全国范围内征求中学的意见,有2500所中学表示愿意设立中文教学课程。为此,美国教育部将中文与西、法、德等其他外语并列,作为中学第二外语教学,并拨专款培训教师、编写教材。再加上近年来大量的华人新移民到达美洲大陆,他们希望他们的第二代不要忘记中文,不要丢失中国文化,所以自发地举办了许多"星期日中文学校",教授中文和中国文化的方方面面。这些因素给出版汉语教材和有关中国文化方面的图书提供了非常好的条件。而这套丛书也真是应运而生了。

中国文化,博大精深,可介绍的东西实在太多。从时间上分,有古代、现代和当代;从内容上分,有文、史、哲。可以说,到现在为止,有关中国文化的出版,已经没有什么没有涉及到的了。中国古代哲学家在全世界有名,真可以说是"言必称孔子",但他们的作品老外要看懂不是件容易的事情。这里不光有语言的问题、翻译的问题,还有一个文化背景的问题。学习中国古代哲学家的作品,是对学中文的一种提升和必要的补充。然而,如何来介绍中国古代哲学家的作品,是摆在出版人面前的一个相当大的难题。编者最终采用了语录形式,介绍中国古代哲学家的概念学说,不失为一个好办法。

当今,读者每天都受到大量信息的冲击,大部头的图书实在没有多少人能看,更不用说是来自国外的古代哲学。所以对于学中文的外国人来讲,文字量不能大,而且还要能传递一定量的信息。另外,当今越来越多的文字类的图书都采用图文并茂的方式来吸引读者、帮助阅读。而这套书正是很好地遵循了这一原则。由于讲述的是较为深奥的哲学,采用图文对应的做法能加深读者的理解,还能增添趣味性。对于学习中文的人,这会提高他们学习中文的兴趣,并能学到教科书中学不到的东西。西方文人还常常喜欢在人前表现,他们昨天看到了什么有趣的东西,尤其是像来自遥远东方的有哲理的东西,就会"臭美"地在客人或朋友面前"显摆"一番。因此,语录和成语往往都会成为他们喜欢的读物。

这套书的编辑方式,很值得类似图书借鉴,尤其是汉语读物类的图书和其他外宣品。这种方式既避免了说教,又增加了情趣,对于读者来讲,也是一种陶冶情操的过程。编辑得好、装帧得美,可以使读者看到后爱不释手,这样才能达到出版的目的。从发行和再版的情况看,此套丛书发行得也不错,尤其能通过各种渠道发行到国外,同时还得到了一定的效益。

这套丛书的编者，从浩如烟海的材料中摘录出了这些对于中国人来讲较为熟悉的语录，并翻译成英文，对照排列，可谓用心良苦。然而这里有一个明显的缺憾，那就是缺少必要的背景知识介绍。试想，要让外国读者理解发生在遥远的古代中国的事情，没有详尽的时代、人物、事件等方面的背景知识介绍，又何其之难。希望将来再版时作进一步的改进。

　　总体来说，这套丛书是成功的，它的成功之处就贵在立意。

徐明强：外文出版社原总编辑，美国常青图书公司原总裁。

案例七:"人文中国"书系

书　　名:"人文中国"书系

作　　者:楼庆西、李松、刘彤等

出 版 社:五洲传播出版社

出版时间:2003年至今

出版文版:中文、英文、法文、德文、俄文、日文、韩文等

【案例概述】

"人文中国"书系是五洲传播出版社自2003年起陆续推出的一套大型系列丛书,从源远流长的中国文化中选取有代表性的领域或专题进行介绍。书系目前已形成比较完整、系统的三个专辑,每辑十册,共30册。第一辑"无形遗产"专辑以思想、智慧、艺术为主;第二辑"有形遗产"专辑以工艺和器物为主;第三辑"民俗生活"专辑以衣食住行乐为主。书系以"大家小书"的形式,集知识性、趣味性和通俗性为一体,准确定位读者层次,确定大方、雅致的装帧风格,培养读者对书系的品牌认知度和忠诚度。

书系主要以中文版和英文版出版,个别品种出版法、德、西、俄、日文版等。2007年,书系18本图书的韩文版版权一次性转让至韩国,反响热烈,截至2009年底销售1万余册。2009年5月,英国剑桥大学出版社与五洲传播出版社签署图书版权引进协议,一次性整体引进"人文中国"书系30本图书。

2009年8月,"人文中国"书系在"第八届输出版、引进版优秀图书评选"中获奖。

【案例评析】

"人文中国"系列图书的成功经验

邓锦辉

五洲传播出版社成立于1993年,是一家以对外出版物制作为主要特色的多媒体、综合性国际传播机构,立足于向国外读者介绍中国各方面的基本情况,每年以各种文字出版近200种图书,涵盖中国历史、文化、社会、艺术、文学、经济、旅游等领域。"人文中国"书系不仅是五洲传播出版社规模最大、质量最精、影响最广泛的文化工程、拳头产品,而且成为整个外宣系统最具代表性的精品之一。系列中的每种图书既是各自独立的专著,综合起来又在精心搭就的框架下勾勒出中国文化的总体面貌,目的是使海内外广大读者在愉快的阅读体验中领略中国文化传统的丰富多彩、博大精深,以及在现代生活中展现的勃勃生机。"人文中国"书系集知识性、趣味性和通俗性为一体,读者可以从中获得中国文化知识,了解到中国人的思维方式、价值判断和社会观念,从而对中国有一个更全面、更系统、更深入的认识。

"人文中国"书系自推出以来,得到了业界同行和广大读者的认可,尤其受到高学历读者的喜爱,销售业绩可观,在短短数年间多次加印，总销售量已接近100万册。此外，"人文中国"书系还被国务院新闻办公室列为政府采购的重点项目，通过中国驻外使领馆向190余个国家和地区发送，并经常作为国家礼品被赠送给外国政要、国际友人和海外文化机构，获得高度评价。书系的版权也已转让到中国台湾地区和日本、韩国、俄罗斯、匈牙利等国家。

对这个成功案例进行分析研究，有助于我们总结经验，在一个高起点上做好未来的图书出版和外宣品开发工作。

与时俱进的策划：
不断调整、丰富和完善选题

"人文中国"书系的策划不是一蹴而就的，而是随着书系编辑出版工作的逐步展开，不断地根据实际需求进行调整、丰富和完善。大致可以分为三个阶段。

策划工作始于2002年。当时，五洲传播出版社正在系统地出版另一套面向海外读者的系列丛书——"中国基本情况"丛书，如何将内容丰富、领域众多的中国传统文化涵括进去，成了摆在我们面前的现实问题。随着中国改革开放政策的成功、中国迅速崛起和中国综合实力的增强，外部世界了解和认识中国的愿望越来越强烈，在国际上逐渐形成了一股"中国热"，而对中国文化的兴趣在其中占据了很大比重。这是一个隆重推出以中国文化为内容的系列丛书的大好时机。经过市场调研、专家论证和出版社内部的讨论，我们决定另外开辟一个由12个专题组成的"中国文化系列"，并得到国务院新闻办的大力支持。虽然每个品种的规模不算大，但我们约请的作者都是相关领域比较权威的专家学者，希望他们以"大家小书"的形式，尽量将自己的研究成果通俗化。在最初一批图书即将付梓时，我们感到"中国文化"的系列名称有些平实和空泛，便最终将其定名为更有深度和弹性的"人文中国"书系。2003年，书系第一批推出了《中国书法》、《中国园林》、《中国京剧》、《中国民居》四种，以七个文版出版，反响非常好，获得了最初的成功。这是第一个阶段。

当书系得到前方使领馆的积极反馈，在国内图书市场的销量不断攀升，甚至有了一批模仿该书系的内容设置和装帧形式的"跟风书"，我们意识到，对书系作系统化的完善、尽可能全面地向海内外读者推介中国文化、借助难得的市场机遇打造五洲传播出版社出版品牌已经成了我们的使命。于是我们作了"人文中国"书系的"二次策划"，主要内容有：1、规范书系的内容，即主要以"小专题"或"漫谈"的形式组织每个选题的文字，不求全，只求精，避免艰深，追求通俗易懂。相应地，我们在作者选择上引入了一批学养深、文字好、对外宣工作理解透彻的人选。2、规范书系的品种，适当增加选题数量，将原计划中不适合的选题（如《中国历史》）调整掉，将"中国基本情况"丛书中更适合本书系的选题（如《中国绘画》和《中国传统建筑》）纳入，并依出版时序分为两辑。3、规范书系的体例，设置统一的标识，统筹色彩、纹样的运用，在选用印刷纸张等方面作调整，以适应图书市场上读者对轻型纸的偏好和外宣品降低发送成本的要求。4、规范营销模式，除了常规市场营销，还要随着品牌知名度的提高，主动寻求书系向海外的版权输出，或者以与外国出版机构共同出版的形式扩大书系的影响力。到2006年，"人文中国"书系共出版了两辑18种，好评、获奖和版权贸易纷至沓来。这算是第二个阶段，完成了中期目标。

时间临近2008年，中国的文化产业和图书市场的形势都发生了一些变化，"传统文化热"持续高温，易中天、于丹等走红，文化类图书热销。同时，随着奥运会临近、中国为世界瞩目，海外各界对中国文化的兴趣也大幅提高。为应对新形势，我们对"人文中国"书系作了第三次策划与调整。我们在进一步的市场调研之外，还举行了数次专家论证会，专家组成员包括国务院新闻办三局领导，驻外使领馆的在任或卸任大使、参赞，来自北京大学、中国人民大学、中国艺术研究院、中国外文局、《中国日报》等单位的学者、专家等，基本形成如下方案：1、定位明确。针对文化类图书内容相对固定的特点，我们应进一步强调书系的权威性、完整性和稳定性，也就是说，将书系打造成代表国家形象、国家水准的文化产品。2、规模扩大。原来的18个品种固然规模很大，但要做到权威和完整，还须确保在同一级别的文化领域或专题没有重大遗漏。所以我们将书系选题调整为30种。3、内容充实。其中最重要的变化是加大现当代文化的比重，力争在某种程度上做到"厚今薄古"。这样做的意义是，令读者深切地体会和认识到，中国文化不是僵死的存在，不是与现实脱节的"标本"，在当代生活中仍有不可估量的活力。4、科学分辑。原来的两辑是根据出版时间分定的，尚不成体系。经过不断整合，目前的三个专辑精心架构、有机结合，通过各分册介绍的各种文化载体和文化现象，勾勒出中国文化的一个总体面貌，相对比较科学。5、全面改版。除去新出版12种图书以外，我们要对已经出版的18种图书进行改版，作必要的内容增删、数据更新。新增的资料链接是一个亮点，有助于读者理解相关文化背景。所有图书重新进行包装，统一调整开本为230×155毫米，以适应国外图书馆的上架要求。这是书系策划的第三个阶段。目前，改版和新版工作已经全部完成。

精益求精的编辑：
强调针对性、可读性、独特性和精确性

精细的策划只是成功的第一步，组稿、编辑和制作等每一个环节的精工细作才能确保图书精品的顺利问世。我们在编辑过程中，特别强调了作品的针对性、可读性、独特性和精确性。

我们为"人文中国"书系组织的作者群，阵容相当强大，基本上都是比较知名的学者，像靳之林教授、楼庆西教授、黎先耀先生、罗哲文先生、徐城北先生、单德启教授、肖东发教授等，更是各自领域的顶尖研究者，往往有丰富的知识、深入的研究，已出版不少相关著作。但是，他们既有的研究成果如何转化为面向外国读者的通俗作品，仍然是编辑人员要下功夫去研究和考虑的。也就是说，书系首先要作好读者定位，确定作品的深浅和难易程度。目前，出版业发展到这样的阶段，特别强调读者分层，甚至有为特定读者群开发的产品；如果我们的外宣精品简单地将目标读者设定为"外国人"，那就显得过于粗疏和轻率了。我们在作了仔细调研以后，为目标读者大致画了一幅"肖像"：以欧美和东亚为主的外国人；有中等以上文化程度，极有可能有非常好的教育背景；社会阶层至少是中层；对中国和中国文化有一定兴趣；可能对中国文化略知一二，至少对"中医"、"阴阳"、"功夫"、"风水"等说法不陌生。最后的结果证明,这样的定位是合宜的,来自国内图书市场的反馈也印证了这一点,中国的消费者也基本上是类似的群体。

所谓"大家小书",并不是说作者们将自己的专著简单缩写成五六万字就能做到。为了确保作者们能够将传统文化写活、写出趣味,我们的编辑在约稿时已经事先做了功课,拿出自己拟好的更多兼顾通俗性、普及性和趣味性的提纲与作者讨论,再由作者拿出提纲定稿。这样做的一个好处是,会在某种程度上"影响"作者,使他们的作品不致过分学术化、专业化,拒人千里。结果相当理想,书系的各个分册基本上都达成了这样的效果:作者了解中国文化,并站在世界文化的高度来解释中国文化的独特之处;在他们的笔下,中国文化不再是古老、神秘、遥不可及的代名词,而是充满了活力、乐趣和智慧,和普通人的生活息息相关。

当然,一部作品如果没有自己的特色,四平八稳,也不会成功。我们同样鼓励作者在作品中表达自己独特的认识,提出独特的见解。书系的许多作品都有不同于一般认识的新颖见地。例如,《中国民间美术》的作者认为中国的民间美术不是个别的、孤立的存在,而是自原始社会延续至今的民族本原文化的反映;《中国古代发明》的作者提出了"四大发明"不一定是中国古代科技史中最重要的成就;《中国书法》的作者则从书法艺术的角度,未将"楷书四大家"之一的赵孟頫纳入值得推重的书法大师之列。我们认为,这些论述如果言之有据、言之成理,就不是偏颇,反而能为作品增色。

质量是书籍的生命。"人文中国"书系的编辑工作可以说是琐碎而艰苦的。像《中国民间美术》,为了尽量使书稿通俗易懂,我社先后有两位编辑投入，三易其稿；还有《中国园林》和《中国京剧》，都是在原稿基础上重新作了改写。目前，书系为保证质量，每一本书的中文版至少有六个审次，英文版也基本做到三审三校。

大气高雅的包装：
赢得品牌认知度和忠诚度

从这些年的市场反馈来看，"人文中国"书系的装帧设计和印装是很受读者欢迎的，大家认为，大方、雅致是书系的突出优长。书系的logo是一个专门绘制的图案化的云纹，意境悠远，回味绵长。书系的封面设计确定了一个整体风格，以色调区分不同品种，包容性极强。每一分册都有较大的选择图案的自由空间，同时，包含10种图书的每一辑又有相对的统一性。这次的全面改版，书系许多方面都有变动，唯一没有变化的是封面设计的风格。因为它相对成熟、完善，时隔六七年也不觉落伍，而且在图书市场上赢得了一定的品牌认知度和忠诚度，许多人一看这样的封面，就知道是"人文中国"书系出新书了。目前，书系开本为小16开，是根据国际知名的圣智出版公司建议，为适应美国图书馆上架要求专门设定的。版面上文字和图片的比例大致是5.5∶4.5，根据我们对市场上一些图文书的调查，这样的比例对读者来讲是比较舒服的。原来的版本没有资料块（sidebar），是根据最新改版方案增加的，它不仅是一种知识点和背景的补充，实际上也充当了丰富版面的角色。

书系确定目前的装帧风格是相当不容易的。我们当初邀请了五六家设计单位参与竞标，将拿到的几十种打样粘贴在两大块展板上，摆在办公室里，每天观看、揣摩。其实，最后确定的方案并不是这几十种中的任何一种。

2004年，书系中《中国京剧》和《中国书法》的整体装帧设计（设计者为海洋）获得了"第六届全国书籍装帧艺术展"社科类优秀作品奖。

全面开花的营销：
利用传统与非传统渠道取得成效

"人文中国"书系的市场营销和版权贸易在第一批图书出版后就开始了。

尽管"人文中国"书系是为对外宣传量身定做的，但仍然在国内中文书的图书市场上取得了良好的销售业绩。

在版权贸易方面，我们有针对性地采取行动。首先是借助各种书展，如巴黎书展、日内瓦书展、东京书展、法兰克福书展、美国书展、北京国际书展等的平台展示自己，推出产品。其次是通过版权代理公司出售版权。第三，是在版权贸易的传统方式以外探索图书出版"走出去"的新模式，比如通过合作出版使我们的产品进入国外主流图书发行渠道，增强对外宣传效果。第四，是积极参与"中国图书对外推广计划"和"中国文化著作翻译出版工程"，把握推销版权的大好机遇。事实证明，在这几方面我们都切实收到了成效。

2004年和2005年，"人文中国"书系10种图书的中文繁体字版分两批转让到台湾地区，由台北的国家出版社出版，至今累计销售1.2万册。

2006年，五洲传播出版社与日本东方书店在日本东京合作出版了

"人文中国"书系的两种图书《中国书法》和《中国京剧》，至今累计销售2800册。双方共同投资、共同分利，已经实现赢利。这是一次非常好的尝试。

2007年，"人文中国"书系的《中国茶》和《中国传统医药》的匈牙利文版权转让至匈牙利，由 Kossuth Kiado 出版。

2007年，"人文中国"书系18本图书的韩文版版权一次性转让至韩国，由韩国大家出版社在首尔出版。书系在韩国共印刷3.6万册，来自市场、读者、新闻媒体及学术界的反响非常热烈，至今销售1万余册。大家出版社为书系举办了四场新闻发布会、出版纪念会；2009年1月20日，由金镐锡社长向中国大使馆赠送了全套18本韩文版"人文中国"书系，邢海明公使衔参赞代表大使馆接受了赠书。他说，大家出版社翻译出版"人文中国"书系，将为韩国国民全面了解中国文化，拉近两国人民之间的感情，增进两国的友谊，推进两国友好关系的发展发挥积极作用；希望大家出版社今后继续出版此类好书，为中韩友好关系的发展多作贡献。此次转让版权创了五洲传播出版社历史上一次性转让版权种数的纪录。

不过，这个纪录已经作古。2009年5月20日，英国剑桥大学出版社与中国五洲传播出版社在北京正式签署图书版权引进协议，一次性整体引进"人文中国"书系30本图书。此次"人文中国"书系版权的成功转让，得到"中国文化著作翻译出版工程"的资助。由于"人文中国"书系的内容更为东亚地区的读者所熟悉，此前的大宗版权转让，多是在日本、韩国或台湾地区；而这次大规模版权转让合同，则是与著名的剑桥大学出版社签署的，书系将通过本土出版社正式进入西方图书市场，所以意义非常重大。

2009年8月，"人文中国"书系在中国版协国际合作出版工作委员会、中国出版科学研究所、《出版参考》杂志社联合主办的"第八届输出版、引进版优秀图书评选"中获奖。这是对我们的工作的最好肯定与褒奖。

邓锦辉：五洲传播出版社中文部副主任。

案例八:"中外文化交流"系列

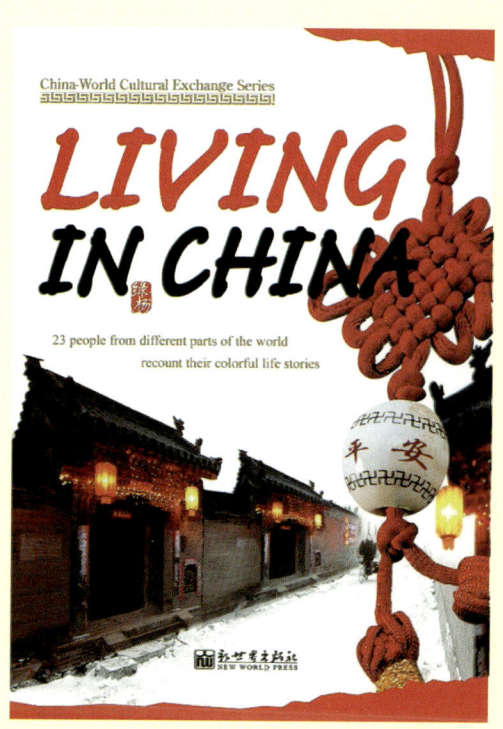

书　　　名:《世界500强企业CEO谈中国攻略》;《老外的中国情结》

作　　　者:中国日报社经济部;绿杨等

出　版　社:新世界出版社

出版日期:2007年

出版文版:英文、中文

【案例概述】

《世界500强企业CEO谈中国攻略》和《老外的中国情结》，由新世界出版社于2007年底以中英文两种文字同时出版。该书以人物访谈形式，娓娓道来的故事体，通过来自不同国家、讲着不同语言、有着不同文化背景的外国人讲述对中国的认识，给人以体验中国的真实感受。2007年初两书一立项，即被国务院新闻办公室列入对外推广的重点外宣图书。新世界出版社为此单独开辟出新的"中外文化交流"系列丛书。该系列着重介绍中国社会变化、经济发展、市场机遇，以及中国人的生活状况等内容，以促进国外读者对当代中国的了解和认识。

由于立意新颖、内容丰富、贴近读者并适应市场需求，这两本图书在出版当年即成功实现了向英国市场的版权输出，并且在上市仅仅一年时间就销售了近万册；2009年又向越南输出了版权。《老外的中国情结》在2007年并荣获中国外文局优秀图书奖。

【案例评析】

出一本书,就像孕育一个生命

李淑娟

外宣图书的关键在策划

对于业内人士来说策划图书并不难,特别是策划针对国内市场的图书。因为我们毕竟能够把握国内读者的需求和市场脉络,更有国内出版的风向标可循。而策划外宣图书难度就相应比较大。毕竟我们离国外的市场远,对于读者的背景和文化的了解相对较少,策划者就像给病人看病的医生,如果拿不准病人的脉象,怎么能开出治病的药方来呢?

那么,策划一本好的外宣图书关键在哪里呢?我认为应该从以下几个方面考虑:

策划者的素质和经验决定图书的成功与否

策划需要经验和知识的积累。如果一个人没有长期在外宣图书行业工作的经验,是不可能轻易地策划出好的外宣选题来的。实际上,《世界500强企业CEO谈中国攻略》和《老外的中国情结》这两本书是我从事外宣工作18年后的第一次独立策划。以前我社出版的外宣图书都由社里的总编辑策划或别人推荐。上世纪八九十年代，在国家的计划经济体制和国家补贴的政策下，策划图书并不太多考虑市场效益，只要能完成上级交给的出版品种和印张任务就行。因此，在外文局乃至社会上很少听到有专门负责策划图书的策划编辑这个词，而编辑对于策划也相当陌生。如今，国内的策划编辑多了，到处都是，但要真正策划出好的、有社会效益和经济效益的外宣书依然很难，需要有多年在外宣图书市场摸爬滚打的经验。也许是幸运，我在离开外宣工作6年，决定打道回府，重操外宣旧业时，那些以往的经验经过6年的沉淀和国内市场的历练化为灵感生发出来。每当有人问我，为什么你一回来就能策划出这两本好书，而且又都那么成功呢？我便用调侃的口气说，我识庐山真面目，只缘我不在"此山"中。但同时我也在思考，是否我们做外宣的，需要打开一些思路，从传统的外宣观念中跳出来，换个角度来策划外宣图书呢？

其实，外宣图书的策划对人的要求很高，它不仅要求一个人有很强的对外宣传、对外出版的意识，能很好地把握出版原则，了解外国读者的需求，还要懂得如何才能让我们的图书为外国读者所接受，如何才能达到出版者的目的。我认为，要做好外宣策划，必须加强以下几个方面的修养：多关心国内外大事；多看书、看报、上网；多了解世界各国的文化；多结交各国的朋友。

作为一个外宣图书策划者，首先要有高度的政治责任感和一颗爱国之心。策划之初，我们时刻牢记作为一个外宣工作者的职责和使命。我们有责任和义务把中国当下的社会、经济、生活环境和中国改革开放以来所发生的巨大变化讲给外国读者听，让他们了解今天的中国已不是他们印象中或电影里看到的那样贫穷落后——女人都是"三寸金莲",男人则是头后面留着一根大辫子,整天吸大烟,见了洋人就满脸奴才相、卑躬屈膝的软骨头模样。如今的中国如醒来的雄狮,正以前所未有的气势振兴中国的经济,改善人民的生活,并且以泱泱大国之态欢迎来自世界各地的外国友人。处于新时代的中国人身上都充满了朝气和活力,他们用辛勤的劳动和聪明智慧为中国的现代化贡献着力量。我们就是要将这些思想融进我们书的字里行间,让国外的读者看到、体会到中国的今天和所取得的成绩。与此同时,我们还坚持贯彻外宣"三贴近"原则,强调选择一些适合对外传播、适合国外读者口味的图书内容,注重对外宣传的效果,注重两个效益相结合。

以姊妹书形式讲述外国人在中国的故事

如果策划者是医生,那么病人就是我们的读者,我们应该尽可能多地了解读者,了解他们的习惯、爱好、生活、文化和教育背景。由于我是学习外语的,也曾在国外学习过,所以在这方面还是略知一二。尽管如此,我也还是多注意收集相关的信息。

在策划之初,我走访了一些外国人,请他们吃饭,和他们聊天,聊他们喜欢看的书,寻找适合的选题内容。我把我的想法和编辑思路告诉他们,听取他们的意见和建议。例如,《老外的中国情结》这本书应包括什么样的人?他们来自哪些国家?在中国生活了多长时间?采用哪种写作方法等等。而《世界500强企业CEO谈中国攻略》那本书所包括的人物则从最早一般外企管理者变成了在华500强企业的CEO。因为他们建议说500强企业在世界上比一般外企对人们更具有吸引力,人们更想了解这些世界知名企业的CEO是如何在中国工作并管理企业的。于是，我把两个选题的内容各有侧重地定在外国读者希望了解的人的生活经历和经商攻略上。另外，在写作手法上我决定采用人物采访形式，要求选题内容丰富，有实际内涵，突出具体的事件、文化及观念冲突、人物的性格等，通过事件真实地反映中国的现状。对于文章的语言表达，我则要求生动幽默，避免华而不实的文风，只有这样的图书读者才喜欢看。在实践中，我体会到，策划时，应多与人探讨，取长补短。一个人的想法毕竟有时不够全面。每次我与朋友们交流，都能碰撞出思想的火花，逐步完善我的策划方案。

《老外的中国情结》突出介绍在华生活的普通外国人。他们有着不同的文化背景，他们在中国生活，从事各种不同的工作，他们的生活也充满各种各样的故事。书中要反映他们心中对中国有着怎样的情结，在异乡他们又有着怎样的生活遭遇，品尝着怎样的苦涩酸甜，收获了怎样的人生情感等等。这本书目的就是让读者读起来轻松、有趣，从一个个故事中感受一个鲜活的、不断进步着的中国。

在《世界500强企业CEO谈中国攻略》中，我们则把眼光落在外国企业高层领导者身上，通过对他们的采访，来描述中国的改革开放带给他们的机遇和实惠，通过主人公们的在华经历，向读者讲述由于不同国度的文化、体制、意识形态、风俗观念的不同，而产生的某些差异和冲突，通过沟通和协调最后达到融合及双赢的过程。他们的故事对海外读者，特别是外国企业有用，而对我们则有利。

我把这两本书称为姊妹书，因为我最早策划的是《老外的中国情结》。在策划这本书时，我先想到的是把内容定位在在中国学习、生活和工作的普通外国人身上，希望采访他们来中国的初衷和在中国生活的故事。在这本书的内容确定下来之后，我产生了另一个想法，那就是能不能再做一本讲述比普通人再高一层的，即外国公司的老板是如何在中国工作的故事呢？当这个想法冒出时我激动不已，没想到，本想生一个孩子的我却生出了双胞胎。一本以生活为主，另一本以工作为主，一本讲人，一本言商。

注重市场调查，寻找市场的卖点和读者关心的看点

如今国内的图书市场同质化越来越严重，而外宣图书也开始出现了类似的苗头。在这种形势下，策划人员就更要做好市场调查，分析同类已经出版的图书。在选题策划出来后，我利用信息时代提供的互联网手段，查找与我们的选题相似的图书，努力做到"人无我有，人有我优"。

例如在策划《老外的中国情结》时，我先上网查有无这方面的书，结果发现一本2004年中国文联出版社出版的《金发碧眼看中国》，作者是瑞典人，名叫李琳。她通过个人在华工作和生活的感受写出了自己对中国的印象。此书在国内外出版后，深受读者欢迎。一家瑞典知名出版社找到李琳，希望她用同样的方式向英语国家介绍中国。此外，还有一本是中国人郭莹写的《老外侃中国》（2005年作家出版社出版）。再有就是网上转载的一些零散的写老外对中国印象的文章。但是，在一本书中集中记录众多外国人在中国生活的图书还没有。此外，我还想到，20年前新世界出版社曾出版过一本 Living in China，记录了老一代外国人在华生活的经历。我想就用这个名字再做一个新版本，把新一代外国人在改革开放后来华生活和工作的故事记录下来，并传下去。这无疑会对宣传当下的中国起到一定的积极和促进作用。

　　随后,我又去书店调查有无这方面的图书;接着再去询问我的几个外国朋友,听他们的意见,问他们究竟喜欢看什么样的书。他们告诉我,对于那些用过于说教性的口吻和方式介绍中国的书他们没有兴趣。那么什么样的书他们才会感兴趣呢?他们的回答是实用性强的,能给他们一些指导、参考的图书,例如:如何与中国做生意。这句话启发了我。对,我们以前曾一味地出版一些我们主观认为或想当然觉得外国人应该感兴趣的书,而忽略了他们的真正需求。实际上我们所策划的选题常常并不完全对他们的胃口,也许是因为我们传播的形式和介绍的角度,以及写作的方法不适合他们的口味,给人以说教、洗脑或宣传的印象,甚至招人反感。

　　我想,如果一个人想了解一个国家,最好的方式是什么?那就是去那个国家生活。但毕竟大多数人没有这个条件和时间。怎么办?那就通过阅读他人在那个国家的感受,从中获得知识和间接感受。真实的感受最有说服力。早在上个世纪三四十年代很多外国人不正是通过埃德加·斯诺先生写的《红星照耀中国》(又名《西行漫记》)才了解中国的吗?于是,我决定从纪实性人物报道入手,通过采访在华工作和生活的不同国家、不同身份的人,让他们讲述自己对中国的认识、感受和印象,以此来向世人传递今日中国的变化,展示它具有的无穷魅力。这种形式看上去更像一个新闻题材或纪实文学的作品,具有真实性和可信性,而非传统意义上的外宣图书。我想尝试一种对外宣传的新形式,从人物故事入手,从人们身边的事入手,做到以小见大。我相信越是贴近生活的故事才越是好的故事,才能打动读者,引起他们的兴趣,并产生共鸣,从而达到更佳的宣传效果。要想搞好对外宣传，我们就要避免千人一面、万人一声的做法，而采用多角度，多渠道，多声音——即政府、民间、文化、社会的相互交叉。我个人更喜欢用百姓的故事去讲述中国的今天，既实实在在，又能客观地反映现实生活。

其次，我认为在策划时，应该让自己处于读者的位置上去考虑。我在策划《老外的中国情结》时，首先把自己视为一个读者。其实，这本书的策划灵感来自我身边的两个人，一个是我的邻居，一个是我的同事。

看过这本书的人都知道我写的那篇"奔向敞开的未来"的主人公就是我的邻居，印度人李泽万，他烧得一手好菜。每次只要他做饭，那印度特有的诱人、浓香的咖喱味道便飘进我家，勾起我对他的好奇。于是，我萌生了描写老外在中国生活的故事。另一个是这本书开篇的人物，来自美国的埃瑞克。他是我在公司工作时招聘的外籍工作人员。他的英文写作能力很强，而且中文说得也很地道。更可爱的是他还做过中国一个文学网站的"版主"，这让我对他产生了好感，也想更多地了解他，以及他在中国的生活。正是他们让我看到了市场的卖点，和读者所关心的看点，才最终引出了这套系列图书。

最后，在策划第一本书时，应该考虑它的可持续性，即后续的选题，避免这一系列后继无书。我庆幸这一系列最初开了个好头，所以在后续选题上进展比较顺利，两条线平行发展。其中一条以人物为主线，继第一本《老外的中国情结》之后，又出版了《老外的中国梦》和《老外的中国缘》；另一条以企业和经济为主线，继《世界500强企业CEO谈中国攻略》之后，又出版了记录中国改革开放30年历程的《足迹》和《赢之道——跨国公司高管谈改革开放》。这两条线都是最能引起人们关心和注意的，也是最能反映这个时代特征的。

外宣图书难在选题实施

外宣图书与其他针对国内市场的图书不同，由于要突出"外宣"特色，编写这类图书的难度远远超过了一般图书，不仅要注重宣传角度、宣传的政策和技巧，还要考虑到读者对象和读者的阅读口味、习惯和接受程度。加之外宣图书一般都有出版时间要求，因此编写工作就会异常繁重。我在编辑"中外文化交流"系列最初的《世界500强企业CEO谈中国攻略》和《老外的中国情结》这两本书时，对此便有深深的体会。

选对作者，写好样章

选题一旦通过立项，就要进入实施阶段。对编辑来说，选好作者是决定选题实施的关键，就像打仗时选派哪一位大将挂帅出战一样，关系到此战能否克敌制胜，一战告捷。在选择《老外的中国情结》的作者时，我选择了《人民中国》杂志社的一名资深记者。他从事对外报道工作多年，经验丰富，文笔幽默、亲切，很容易抓住读者的关注点。于是，我选好一个受访者，跟作者商量确定采访内容、主题和写作手法，并与他一起去采访。在他的样章写出来后，我们一起修改，最后形成一个可以作为本书写作范例的样章。我认为样章就像一本书的龙头，抓住了龙头，后面的文章自然就能顺利地写好，避免走弯路。

确定对象，安排采访

在编辑《老外的中国情结》时，我一直在考虑：这本书应包括什么样的人？

哪个国家的？在中国生活了多长时间？有哪些不同的经历和故事？等等。我认为既然这是一本反映外国人在中国生活和工作的书，那么受访者就应该来自五大洲四大洋，而不只局限于几个大国，最后经过考虑，我们确定了23个受访者，分别来自14个国家——美国、加拿大、英国、法国、德国、意大利、芬兰、日本、韩国、印度、埃及、尼日利亚、利比里亚、古巴。也正是因为有来自不同国家和民族的人谈他们在中国生活的经历和感受，这本书才能更有意思，更好看。

利用资源，整合发挥

《世界500强企业CEO谈中国攻略》是利用资源和整合资源的最好案例，也是我当初走到山穷水尽处，出现的柳暗花明又一村。

2007年3月当我的这个选题立项后，我找到一个从事外宣工作的记者，经过对选题内容和写作风格的探讨和沟通后，他答应承担本书的采写工作。两个月过后，当我询问进展情况时却得到令我非常吃惊并遗憾的答复。由于涉及的500强企业老板太多，而且采访难度较大，他仅凭一个人的力量难以完成。于是他向我推荐了中国日报社的经济部，他们曾对在华的许多500强企业进行过采访，这本书交给他们来做更容易些。此时距离项目要求的完成时间仅仅剩下6个月，而且要完成这个项目的中文和英文两个版本的出版工作，压力之大可想而之。我真有一种走到山穷水尽处的感觉。我感到别无选择，只有硬着头皮走下去。在与中国日报经济部几次沟通后,我发现他们有不少关于500强企业高管的采访报道,同时还有大量与企业相关的报道。在认真地筛选后,我们选出30家有代表性的知名企业,以对这些企业的CEO和高管的采访为主,辅以企业的相关报道作为链接,对采访的内容进行补充。我们编辑图书的人都知道,在图书里添加相关链接实属罕见,而这一做法多用于报刊媒体。为此我也心有余悸,拿不准,特地向一些老外宣人请教,也利用外文局外宣选题策划会的机会向外国同行请教。他们对我的做法予以了充分肯定,这样我那一颗悬着的心才终于落了地。

这件事给我很大启发,作为编辑要善于利用资源,不仅是作者资源,还应包括内容资源和信息资源,并最大限度地进行整合、加工,让它们发挥更大的作用。在今天这个社会,谁拥有了最大、最优的资源,谁就能占领市场先机。

重视出版的各个环节

《世界500强企业CEO谈中国攻略》和《老外的中国情结》的成功在于我们首先选对了作者,这为我们后面的编辑工作打下了良好的基础。作为出版者,首先我们把握好选题的基调和写作方式,然后与作者和合作者沟通探讨,随时调整,把握进度,并把好质量关。在出版程序上严格按照三审三校的流程,在文字上严格把关,避免出现错误。在图书的装帧设计上我们力求新颖、美观、大气、高品位。在印刷制作工艺上力求精益求精。这两本书出版后得到了中央外宣办的好评。在审读了《老外的中国情结》书稿后,有关领导给出了这样的评价:可读性强,要是外宣图书的质量都能像这样就好了。而对于《世界500强企业CEO谈中国攻略》的评价则是：由于它最初是用英语写成的，所以更适合国外读者的阅读习惯，内容也都是国外读者所关心的，具有一定的参考价值。

通过这两本书的出版工作，我体会到，要想做好外宣图书，一定要注重作者队伍的建设。对于一些外宣图书最好能请懂外语的人或外国人直接用外语采写，这样的写作方式会更适合对外宣传，也能避免作者的风格在翻译中大打折扣。

外宣图书重在营销与版权输出

外宣图书与国内市场图书相比，从内容、读者对象到写作角度都存在很大差异，因此在营销发行上就会受到一定限制，从而增加了发行难度。

按照传统的发行模式，我们出版的英文图书是通过外文书店经销的，可是去外文书店买书的人多半是在中国学习的留学生，他们购买的大部分是与学习汉语有关的图书。而每年来华的国外游客虽说数量巨大，但去外文书店的却不多，怎样才能让我们的外宣图书走进这些读者对象的视野中呢？

除了外文书店，机场、饭店、酒吧、图书馆、校园书店是目前我们可以设法利用的渠道。只有让我们的图书在这些地方出现，才能让读者对象有尽可能多的机会亲近我们的书。

除此以外，媒体宣传必不可少。

2007年底，当《世界500强企业CEO谈中国攻略》和《老外的中国情结》这两本图书出版后，我们抓紧市场宣传和反馈。图书面世前夕，即在相关媒体上（《北京周报》、《人民中国》杂志、《对外大传播》杂志、《中国可供书目》杂志、《中国日报》、《法制晚报》、中国网、新浪网）做书讯和书摘，及时了解读者的反馈。一些媒体纷纷打来电话要求采访书中的人物，并转载书中的内容。本系列图书出版短短一周之内就得到了读者的好评。一位云南电视台的记者看过《老外的中国情结》后，发来短信说："太好看了！我的同事们看后，都觉得版面设计编排很有创意，内容也很有意思。"一位英国的朋友说："文章很好看。"一位意大利朋友拿到书后兴奋地说："太精美了！我一定要让我的朋友们都看到。"

此书的出版适逢圣诞前夕，于是我们在送样书时便打出"最好的圣诞礼物和新年礼物"的宣传语。因此，书未上市入店就已经有人几十本、上百本地向我们购买图书作为节日馈赠礼物。《老外的中国情结》中有一位被采访者是一家咨询公司的老板，此书出版后曾先后购买了几百本作为赠送国内外客户的礼品。这本书因为收录了一篇采访她的文章而成为她的一种公关手段，她的做法则为这本书打开了一个新渠道，让我们看到在传统的销售渠道外，还有另一种新渠道。与此相同的还有《世界500强企业CEO谈中国攻略》这本书。在此书出版后，书中所收录的企业看到这本书也非常满意，纷纷打电话订购，作为礼品送给客户。而没有被收录的企业则来电询问：为什么没有采访我们？我们也想被收录在书中。这些反馈证明了此系列图书从策划到营销都达到了良好的宣传效果，实现了我们最初策划此系列图书的初衷。

外宣图书要真正做到走出去就要最大限度地实现版权输出，只有这样才能更好地起到对外宣传的效果，让海外更多的读者看到我们的图书，听到我们的声音。

本系列图书一经推出便引起了社会的广泛关注。2008年在伦敦书展和法兰克福书展上这两本书也吸引了来自日本、德国、英国、越南等国出版商的目光。2008年底，这两本图书与此系列后续出版的《足迹》、《赢之道——跨国公司高管谈改革开放》和《老外的中国梦》一起都成功地实现了版权输出。

从2007年到2008年底，我社外宣编辑室共出版42种图书，有11种图书实现了版权输出。经过这两年的努力，我深深地体会到，有吸引力的图书才会让人爱看，才会被广泛传播，看的人越多，传播得越广、越快，我们的宣传效果就会越好。

如果说出版一本书就像孕育一个生命，那么决定要孩子就像是图书的策划，而十月怀胎就像是图书的实施，最后新生儿的诞生则是图书的出版。孕育生命的过程是痛苦的，也是快乐的，当一个母亲看到自己的孩子长得漂亮、聪明、惹人喜爱时，她便会感到无比的自豪和骄傲。我想每一个编辑都会与我有同样的感受。

李淑娟：新世界出版社外宣编辑部主任，"中外文化交流"系列丛书责任编辑。

让国外投资者赢在中国
——《世界500强企业CEO谈中国攻略》点评

郭亚军

"中外文化交流"系列中的《世界500强企业CEO谈中国攻略》一书在中国市场取得成功的同时,也走向了国际市场。英国伦敦的 New Classic Press引进了此书的版权,在2009年4月出版了该书的英语版,书名为 Winning in China: World Fortune 500 CEOs Talk about Investmentin China(《赢在中国——世界500强企业CEO谈中国攻略》)。2009年4月20日在伦敦国际书展召开的新书发布会上,到会人员包括中国新闻出版总署领导、中国驻英文化参赞、英国大使馆文化教育处官员等,凤凰卫视欧洲台以及多家国外媒体进行了深入跟踪报道,新书在伦敦书展当天就与包括美国在内的多家国际发行机构签订销售意向。

《世界500强企业CEO谈中国攻略》英文版在国外获得欢迎的最大原因,在于它的推出顺应了时势、吻合了国外读者的需求;其次,该书由世界500强企业CEO等国外投资者在中国的亲身经历和中国攻略评述构成主要内容,其视角贴近国外读者;最后,该书由具有中国背景的出版公司引进并在海外出版,对该书的中国元素宣传得更到位,对读者更有吸引力。

在金融危机背景下出版，吻合国外读者需求

《世界500强企业CEO谈中国攻略》在国外的出版恰逢其时。金融危机促使更多国外投资者关注中国，关注在中国的投资机会及投资攻略。

这次金融危机来势之猛，超出预料。世界最大的经济体美国面临着1929年大萧条以来最严峻的经济大衰退，欧美大国无一幸免。中国因为金融开放程度的关系，次债等衍生金融产品在中国市场影响很小，有幸躲过了此劫，中国经济直接受金融危机冲击相对较小。

中国政府在宏观经济调控上频繁出手：继宣布在2年内投资4万亿元的巨额经济刺激计划后，政府还下调金融机构存款准备金率和存贷款基准利率，陆续提高城市和农村低保补助，放宽"二套房"贷款政策，推行"家电、汽车下乡"……中央为刺激经济打出的组合拳仍在继续。

金融危机在全球蔓延之际，国际上"投资中国"的声音却一直存在，很多著名机构和专家也认为中国将率先走出危机阴影。随着中国政府的系列政策起到预计效果，国内需求被充分启动，这些预期将被证明是正确的。

当更多的国外投资者将目光投向中国的时候，一本指引他们"赢在中国"的图书的出现是如此恰逢其时。《世界500强企业CEO谈中国攻略》就是这样的一本书，它可以为国外投资者提供切实的参考，让他们对中国的了解更加真实、深入，为其在中国的投资行为提供有效的依据。

以外国人口吻评述中国攻略，实现中外结合

作为一本在中国出版再输出版权的图书，要获得国外读者的认可，其内容不仅要吸引读者，表述方式还需要符合海外读者的阅读习惯。《世界500强企业CEO谈中国攻略》，以外国企业高层领导者的口吻来描述中国的改革开放带给他们的机遇和实惠，在内容和表述上实现了中外结合。

通过主人公们的在华经历，讲述这些世界知名企业的CEO是如何在中国工作并管理他们的企业的，这些内容是外国读者所关心和希望了解的，对他们也一样具有借鉴意义。以人物采访记录的方式来介绍世界500强企业CEO在中国的故事，用这些外国企业领导者的语言进行讲述，视角和表述方式都更贴近海外读者。

中国背景的出版公司海外推广，突出中国元素

值得一提的是，引进《世界500强企业CEO谈中国攻略》在英国出版的 New Classic Press，是一家由中国民营出版公司北京求是园文化传播有限公司在海外成立的出版公司。New Classic Press 公司总部设在伦敦，并且在英国出版重镇爱丁堡设有办事处。

New Classic Press 不仅熟悉海外图书市场，同时对中国文化有深刻的理解，并立志于为中华文化的全球传播做出力所能及的贡献。中国文化特色类英文版图书的出版是 New Classic Press 的核心业务。

由 New Classic Press 这样一家具有中国背景的出版公司为《世界

500强企业CEO谈中国攻略》一书进行海外推广，可以更加突出此书的中国元素，对中国的宣传也更加到位，对海外读者会有更多信任感和吸引力。

New Classic Press 与国际出版机构、书店、代理商等开展了广泛的沟通与合作，在全球范围内对此书进行推广，可以让更多的读者从中受惠。

《世界500强企业CEO谈中国攻略》的成功出版和全球传播，让国外投资者赢在中国，更让中国赢在世界。

郭亚军：道略文化传媒产业研究中心高级咨询师。

《老外的中国情结》帮助我们从侧面了解中国

(英国)马特·杜鲁门

自从30多年前中国实行改革开放以来,来自全球各地的外国人已经在急速多元化的中国社会中成为了一个重要的组成部分。不管来自欧洲、亚洲、非洲还是美洲,数百万拥有各种背景、年龄不一的"老外",来到中国做生意、学习或旅游。

新世界出版社出版的《老外的中国情结》,记录了23位有着独特经历的"老外"在中国的生活轨迹,从来自利比里亚的歌手郝歌到"嫁"给中国的德国投资顾问丹娜·舒伯特,这些来自世界各地的人们早已把中国当成了他们的"第二故乡",或至少把中国视为了"故乡外的另一个家"。读这本书,你会发现,书中描写的每个人都有他或她自己充满个性的故事与大家分享。究竟是什么促使他们首选来到中国?他们又是如何克服困难,并且最终实现自己的追求的?

这些问题不仅吸引着中国人的好奇心,也会令想了解中国的外国人感兴趣。而这本《老外的中国情结》则为我们献上了平易、细致的答案。在"洒落东乡的春雨"这篇文章里,我们学到了什么是无私和奉献精神；在"为雪域盲童打开心灵之窗"一文中，我们体会到了什么比金子还宝贵……

通过《老外的中国情结》，我们获得了难得的机会，去结识守望万里长城的威廉·林赛、非洲"王子"Obinna 和"芬兰妈妈"江恩丽，以及那些真正在中国实现人生追求与价值的外国人。而这本书深入的洞察力早已使它超越了本书所收录的23个人物所包含的内容。虽然他们的故事是独一无二的，但他们折射出了数不胜数的在华"老外"们的经历，这些"老外"来到中国，在这里生活、恋爱，并且融入了这个社会，同时也爱上了这个国家。

这本书不仅能满足中国人的好奇心，也能帮助世界上的人们从一个侧面了解到今日中国的变化和她的开放与包容。

马特·杜鲁门（Matt Trueman）：英国《卫报》自由撰稿人。

案例九:《感知中国文化——互动学习丛书》

书　　名:《感知中国文化——互动学习丛书》
作　　者:海豚出版社、美国OCDF出版部合作编辑
出 版 社:海豚出版社、美国OCDF出版部
出版时间:2007年
出版文版:英文

【案例概述】

《感知中国文化——互动学习丛书》，是我国唯一从事对外少儿专业出版的海豚出版社与美国OCDF（我们的中国女儿基金会）出版部合作出版发行的。这是一套为国外儿童学习中文，了解中国文化而设计的主题教材系列丛书，其最大的特点就是精准的市场定位：以十数万海外中国领养儿童为目标读者，同时辐射至这些领养儿童的外国养父母、老师及广大华裔儿童。图书的编辑按照英语国家与地区孩子的学习方式量身定做，同时为老师的教学提供实用性服务。

已经出版的《中国传统节日》、《中国神话与传说》、《中国哲学与宗教》、《中国古典文学》、《中国的联合国世界文化遗产遗址》、《中国地理与环境》、《中国的省市》、《中国的饮食》、《中国传统乐器》、《中国的著名发明》等10册读物，辑选了中国文化的精华，通过国际合作的方式，在推广发行、编辑制作等方面进行了尝试，产生了良好的社会效益与经济效益。在国外，美国OCDF使用了美国书号出版，提升了丛书在国外市场的号召力、亲和力。图书直接进入国外市场，逐步形成网上营销、在美国的教师年会活动推广和集中向美国中小学、社区图书馆进行征订等多种销售渠道。

【案例评析】

儿童读物国际化出版的探索与实践

李富根 王 玮

准确的市场定位：占领国外中国儿童领养家庭市场

近年来，美国、加拿大、澳大利亚、英国等英语国家与地区的"中国领养儿童热"持续升温，到2006年，已有10余万中国儿童被领养，其中大多数为女童。仅美国一个国家，中国领养儿童还在以每年五六千人的规模扩张。根据中国制定的海外领养法，中国领养儿童的外国父母必须保证这些孩子与他们的祖籍地文化保持经常性接触，并且在他们入学之前，要带他们回祖籍地一次；美国等国也汲取了从前领养外国孩子的经验教训，为了有效避免可能产生的成长、家庭和社会问题，养父母们不再忽视领养孩子与他们的祖籍地文化的联系；加之又有全球各地兴起的"学汉语热"的推波助澜，形成了一个以中国领养儿童为中心、包括他们的外国养父母、老师、广大华裔儿童在内的可观的外宣市场。作为全国唯一一家从事对外出版的专业少儿出版社，海豚社不去占领这块市场谁去占领？

我们通过深入思考认识到,为英语国家与地区的中国领养儿童提供优秀读物的社会效益是显而易见的。这些数以10万计的中国领养儿童,如果通过阅读海豚社出版的图书,经常性地保持与他们祖籍地——中国的文化接触,不仅有利于他们在异国他乡健康成长、成才,加固中美、中加、中澳、中英友谊的桥梁,还有利于若干年后他们在英语国家与地区的各个层面、在他们各自的家庭、邻居和社区中,发挥有利于中国国家利益的积极影响。他们不同于过去的中国移民,他们现在进入的是英语国家与地区的中产家庭,他们以后将进入这些国家与地区的主流社会。为英语国家与地区的中国领养儿童提供优秀读物的经济效益也是显而易见的,与海豚社以往对外出版针对泛泛的全球儿童不同,中国领养儿童这一目标群体更具体,对中国文化出版物的需求也更为明确和旺盛,只要采用为他们所喜闻乐见的方式,并找到有效的销售渠道,就一定能获得可观的经济效益。

优势互补的合作模式:
寻找在相关领域有较高知名度的合作者

那么,什么样的内容与形式才是这一目标群体所喜闻乐见的?经由什么样的渠道才能将我们的出版物送达这一目标群体的视野与手中呢?我们根据对外宣传工作"三贴近"(贴近中国发展的实际,贴近国外受众对中国信息的需求,贴近国外受众的思维习惯)的精神和要求,充分借鉴外文局在外宣期刊"本土化"实践中的经验,认为海豚社必须寻找到合适的国外合作者,双方志同道合、优势互补、精诚协作,才是解决对外出版在针对性、时效性与有效发行方面不足的根本路径。

在2006年外文局举办的国际出版选题策划会上，我们发现美国OCDF正是这样的国外合作者。OCDF是由外文局原专家简（Jane Liedtke）创办并担任首席执行官的一家为中国领养儿童提供服务的机构。简不仅有为美国领养中国儿童家庭服务10年、从事14年管理咨询、指导和培训及25年以上的印刷、出版、教育等工作的经历，还发表和出版过40多部图书和专栏文章，是50多项赠予和基金项目的接收者和负责人，是50多个美国和中国项目的会议发起人。她热爱中国文化，坚信中国文化能够为广大英语国家与地区的少年儿童所喜欢、接受，并有志于从事面向这一目标受众的图书出版工作，她在美国的出版、教育以及从事中美文化合作交流的组织中具有一定的社会资源。简本人领养了一名中国女童，她的机构创办了专门的中国领养儿童杂志，建立了专门的中国领养儿童数据库，多次主办中国领养儿童夏令营，在中国领养儿童家庭和机构中有较高的知名度。

当我们找到简，提出海豚社的合作意向，双方一拍即合。随后，经过长达4个多月的调研、沟通和洽谈，双方确立了合作协议与合作模式——决定双方共同投资，共同研发选题和编辑、设计、制作，海豚社负责提供有关素材、进行终审，美国OCDF负责出版物在英语国家与地区的宣传推广、销售和市场信息反馈。

海豚出版社积累了丰富的出版资源和专业人才，但缺乏对美国市场的了解。借助OCDF，我们可以在美国当地实施市场调研、宣传推广和销售。可以通过OCDF了解美国读者的阅读特点和习惯，将海豚出版社掌握的内容用合适的形式加以包装。在字体、字号、版式、开本等方面，我们也积极采纳OCDF提出的意见。与此同时，从策划阶段到实施过程都得到了外文局副局长、总编辑黄友义，外文局原局长林戊荪、外文局原副总编辑林良旗的支持与指导。

对于海豚出版社来说，通过此次合作出版，丰富了图书品种，重塑了海豚社的双语品牌，又在这种较新的外宣图书出版模式中积累了经验，为今后少儿图书的对外出版奠定了一定的基础。而对OCDF来说，他们则通过合作模式节省了大笔的版权费用、编校费用和人力资源的投入。尤其海豚出版社的出版资源是对方最为看重的，因为美国市场上虽然有很多中国题材的图书，但内容多半陈旧或偏颇，且适合儿童阅读的不多，而海豚出版社的现有资源中很多是可以拿来就用的。

贴近目标读者的内容策划：
多维呈现，突出互动性、娱乐性和故事性

对于海豚出版社来说，传播中国传统文化是我们最擅长也是经过海外市场考验的，这一主题也是国外读者希望了解的。在确定以中国传统文化为出版主题后，对我们应针对哪些目标群体、采取什么样的内容形式，我们的合作方OCDF在美国进行了广泛而深入的调研。分析他们提供的调研材料，梳理各自拥有的资源，双方经过反复研讨最终确定了目标群体为国外领养中国儿童和他们的家长，同时辐射英语国家与地区的小学教师、亚洲地区国际学校的老师、国外中文学校的老师、海外华裔子弟、小学及社区的公共图书馆、美国的家庭学校以及支持中国文化的团体。

根据这一目标群体的需求，参考美国中小学教学特点以及调研中征集到的意见和建议，我们又确定了该系列丛书的开本、定价、装帧与版式设计、首次推出的选题，特别是每一本书的整体结构与每一页的具体内容。

该系列丛书由教学指导（Teacher Introduction and Planning Strategies）、教室布告栏内容及创意（Bulletin Board Resources and Ideas）、课堂讨论话题和活动（Class Discussion Topics and Projects）、作业（Assignments）、教学主体内容（Student Information Sheets）、教学评估（Student Q & A & Assessment——Active Learning）、学生动手活动（Student Activities）、参考书和参考资料（References and Resources）等组成，每本书附光盘一张，内容有音乐、故事、访谈的音频文件及据此整理出来的英语、汉语拼音和汉字三个部分的文字资料、可直接复制打印的教学要点、分发给学生的辅助资料等，具有很强的针对性与服务性。

在内容特点上，有如下可供借鉴的经验：

英文为主，中文、拼音辅助

目前，国外儿童，即使是华裔儿童，他们的汉语水平都是非常初级的，稍微好一点的也仅限于口头表达，书面汉语对他们来说很有难度。因此，这套丛书结合国外受众的现实水平，基本以英文为主，便于孩子们接受。同时，在书中合适的地方也有汉字和拼音。标准就是简单、实用、易学。如：春节、春联、新年快乐、恭喜发财、新年好、元宵节、粽子、苹果、橘子等。

多维呈现

讲述同一个内容时,除文字之外,还寻找相关的图片来生动呈现。此外,在光盘里还有采访相关人员的录音或视频,以及根据录音和视频整理出来的英文、拼音、汉字三种方式表达的文字内容。这样的话,视觉、听觉、画面、文字兼顾,便于读者多角度学习,既有理性认识,又有直观感性认识。

突出互动性、娱乐性

本套丛书将中国文化很好地融入孩子们的互动游戏当中,既能调动他们的积极性,又能加深对中国文化的理解。例如,有包饺子、做风筝、包粽子等,还有怎么根据自己的生日算出自己的生肖是什么等等。

故事性

充分挖掘中国文化背后的故事。例如春节的篇章里面会介绍怪兽"年"的故事,七夕节会介绍牛郎织女的故事等等。即使是介绍中国地理,也会挖掘山河楼阁等的故事,或者相关的诗词歌赋。

对中国当代国情的深入了解

与国外编辑、出版的有关中国题材的图书相比,由于本套丛书的编创人员是在中国生活过多年的外国人和有较好英语水平的本土中国人,因此对中国现状非常了解,且能以非常地道的国外思维方式和表达方式来表述。例如,介绍春节时会讲中国的法定假期是3天,加上前后周末共7天;春运期间大多数人要返回老家团聚,火车站非常拥挤;除夕夜家家户户吃年夜饭、看中央电视台的春节联欢晚会等等。

　　这些特点和经验凝聚了先进的出版理念,即真正以读者为中心。同时,对于外宣图书来说,真正实现了"三贴近",避免了以往外宣图书单方面灌输的不足,使中国文化自然而然地融入国外读者的内心。

注重内容质量的编辑方式：
英语母语式编撰，同时保证中方三审制的贯彻执行

　　在稿件撰写和组织方面,该系列丛书不是将汉语单纯翻译成英语,而是采取母语编辑的方式,即英文部分全部聘请母语为英语的人士操作。考虑到成本问题,合作方利用暑期专程组织了一批美国大学生短期加盟。在核定稿环节,海豚社有幸得到了外文局原局长、著名专家林戊荪的亲自指导、修改,也得到了外文社一些资深翻译的参与和把关。

　　值得一提的是,为了保证该系列丛书舆论导向和相关知识、观点的正确,以及中译英的准确性,海豚社制定了源头把控的机制,为母语编辑提供材料,采取了合署办公的方式,派出自己的专业编辑介入母语编辑环节。如果材料是英文的,则由对方进行恰当地改编,如果材料是中文的,则需要海豚社编辑和对方懂中文的员工一起初译出来以便英文撰写者理解。对于某些有争议的问题,还需要双方共同深入讨论和谈判。

　　虽然大体来说,合作是非常顺利的,但在前三本书的合作过程中,也出现了一些问题。对方对中国的三审制度不是十分理解,我方聘请专家审稿之后的批复,他们在印刷时并没有完全遵照意见做出修改,造成印刷之后仍有少量错误。发现这种问题之后,海豚出版社一再向对方解

释严格遵守我方终审的必要性，并且考虑到我方终审意见是以中文，乃至中国编校符号做出，对方不能完全理解的问题，海豚出版社专职编辑则每次亲自到对方办公室向外方人员详细解释每一处需要修改的地方，以保证我方终审意见的彻底执行。

经过多番努力，以后出版的图书质量明显得到提高。

丰富多彩的销售策略：
围绕目标群体，在专项活动与渠道中加强推广

在图书面世之前，我们就向目标群体投放了专门的推广品。推广品是具有视觉冲击力的折页，折页除了该系列丛书的基本情况介绍外，重点阐述了我们的编辑理念，特别是该系列丛书的整体性，易于长期使用。推广品除了在一些展会和活动中摆放外，还随着OCDF自办的杂志一起投放到许多领养中国儿童的家庭，此外还根据OCDF的领养中国儿童家庭数据库邮寄投放。

我们的合作方还通过参加英语国家与地区的相关年会（如全美中文教师年会、美国中小学教师年会等）、活动（如美国各地中国领养儿童机构的联谊会等），辅以展示与演讲，积极推广、销售该系列丛书。据OCDF的CEO简告知，某阿拉伯国家的教育部长看到该系列丛书后，十分感兴趣，有意引进；而她在温哥华参加中国领养儿童机构 FCC（Families with Children from China）活动时，随身带去的20本图书，15分钟就被一抢而空。OCDF的市场经理孙小兵说："在美国参加了多个语言及文化教学大会，当地的汉语教师群体非常积极，绝大部分都参加了这个大

会，而且我们的书非常适合她们的需要。这些汉语教师有很多资料供他们教授语言所用，但是缺少供孩子们课堂内活动的内容，而这正是我们这套书的亮点所在，将中国文化融入孩子们的活动当中，寓教于乐。"她还表示，每个在宣传活动现场停留过的感兴趣的读者，OCDF都会留下他们的信息，录入数据库，给他们寄送新书资讯以及征订单。很多买过一两本的读者都会预订尚未出版的图书。同时，OCDF还不定期与他们联系，咨询他们对图书的反馈信息。

我们的合作方还根据目标群体的设定，集中向美国中小学校、中文学校、社区图书馆以及亚马逊等网上书店进行推销。

海豚社也充分调动自己的资源与渠道大力推广宣传，除把推广品和样书摆上林林总总的海外书展、国内书展外，还向中央外宣办、国家汉办、国务院侨办、团中央等中央和国家有关部门积极推介，争取得到多方支持。在2008年奥运会举办期间，在中央外宣办与外文局的支持下，该系列丛书的推广品与样书顺利进入专门面向运动员的书刊展示台。

值得一提的，我们的销售策略包括使用美国而非中国书号出版，为的是提升该系列丛书在国外市场的号召力、亲和力。

李富根：海豚出版社原社长，现中国互联网新闻中心副主任。

王玮：《感知中国文化——互动学习丛书》项目负责人。

《中国传统节日》点评

(英)希纳·麦克雷

了解其他文化的节假日一般是儿童了解其他文化的第一步。教育工作者认为，要了解一个多元文化的社会（和真实的世界），需要比较其和本土文化的异同，而不只是将其视为奇特的异国风情来看待。

在他们出版的这套经典丛书的第一册中，OCDF和海豚出版社提供了一个学习和了解中国节假日的多维的课本。本书装帧精美，附有一张CD，为老师和学生都提供了内容丰富的辅助材料。这套丛书倡导积极的互动学习方式，对从幼儿园到8年级的学生都适合。图书和附带的光盘包括用于教学的练习表、故事、歌曲、图画等等，谜语和教学活动包含了中国阴历年的节日和中国的假日。

通过这些课程，学生完成了对中国一些地方虚拟或真实的教育之旅，这些地方都是某些节日的标志和象征。通过故事和歌曲，学生们了解了很多中国节日背后的历史和传说。作为课程的一部分，学生在参与活动中了解了当地的风俗习惯。课程设计了各种有关节假日的文化活动，例如，对于春节，我们学习对对联和贴对联；对于中秋节，我们学习如何做月饼。孩子们通过这些活动学习到了大量的知识。

在教案中如何促进学生积极主动地学习？教师们被鼓励制作一些布告板，孩子们可在此展示和评论他们在课堂上创作的手工制作。在CD碟片中，每一个节日都有对其进行阐释的故事和歌曲。当然，这些故事和歌曲既有中文，也有英文。学生们是否能听懂汉语并不重要，重要的是他们能像在中国国内那样听到有关这些节日的逼真的声音。这些增值效应直接来自于OCDF和海豚出版社的合作。海豚出版社位于北京，在中国拥有丰富、优质的原始资源。

除了最小的学生，丛书中编排的学习活动适合所有的学生，既适合于在学校和家庭教育中完成，也适用于文化传承项目的参与者。建议学生们与中国人一起过中国节日，观察中国人如何过节，在观察中去调整自己的行为，以符合中国的传统，这对孩子们理解什么是真正的多元文化非常重要。

本书内容丰富，各学校和文化项目都会争购这本图书。对于那些希望帮助孩子理解和享受中国节假日乐趣的成年人来说，本书也是必备读物。

（本文编译自亚马逊网对《感知中国文化——互动学习丛书之一：中国传统节日》的推介书评）

希纳·麦克雷（Sheena Macrae）：现居英国，EMK出版社高级编辑。从中国收养了两个儿童，《收养父母之道：创造工具箱，建筑关系网》一书的合著者。

案例十：《从甲骨文到E-Publications
　　　　——跨越三千年的中国出版》

书　　　名：《从甲骨文到E-Publications——跨越三千年的中国出版》
作　　　者：肖东发
出　版　社：外文出版社
出版时间：2009年
出版文版：中文、英文、德文

【案例概述】

《从甲骨文到E-Publications——跨越三千年的中国出版》一书由外文出版社2009年出版。该书以2009年法兰克福书展中国主宾国为重要契机,精心策划、编辑与设计,在保证作者、内容权威性的基础上,注重编辑形式和图书装帧设计上的对外特色,以"出版介质和出版方式"为切入点,改"编年体"为"纪传体";装帧风格国际化,用现代印刷手段表现中国传统字模的视觉效果,强调民族文化的现代表现,彰显民族性与国际性的完美结合。

该书以15万字、300余幅图片展现三千多年的中国出版历史,是近年来出版研究领域难得一见的精品图书,业界有专家评价其:就内容而言,"跨越了三千年的中国出版和中华文明";就多文种而言,"跨越了中西方";就设计而言,"跨越了学术图书与大众图书、畅销图书之间的界限"。

《从甲骨文到E-Publications——跨越三千年的中国出版》成为2009年法兰克福书展中国主宾国最重要的展品之一,并入选2009年"中国最美的书"。稍后,该书又获得2009年度中国外文局优秀图书奖、优秀设计奖。2010年又获得国际设计大奖——红点传播设计奖(red dot communication design)。

【案例评析】

学术外宣，大有可为

胡开敏　李建安

2009年11月23日，2009年"中国最美的书"评选结果揭晓，《从甲骨文到E-Publications——跨越三千年的中国出版》成为21种入选图书之一。尽管该书在稍后的"世界最美的书"评选中最终落选，但好的东西注定不会被埋没，2010年9月该书再次获得一项大奖，那就是国际设计届公认的杰出设计品质的代表——红点奖。而在此之前，该书作为2009年法兰克福书展中国主宾国最重要的展品之一，早已受到了国内外、业内外各界的强烈关注和广泛好评。

众所周知，近代以来，以欧美为主导的西方学术界就开始掌握社会科学研究的话语霸权，中国学者的声音则鲜有闻及。在国内方面，由于学术类图书存在内容严肃呆板、翻译难度大、难以引起国外读者的阅读兴趣等问题，很少有出版社愿意、或者能够从事此类图书的对外出版工作。

外文出版社抓住重大时机，进行选题策划，充分发挥自身的多语种优势，集合精良的作者、编辑、翻译、设计、印制团队，推出《从甲骨文到E-Publications——跨越三千年的中国出版》一书，以其权威的内容、独特的视角、国际化的设计，受到了国内外的一致好评，不仅有助于提升中国学术界在国际上的话语权，也实现了中国文化与文明的对外传播，更对中国出版的"走出去"具有积极的借鉴意义。

抓住重大时机，进行选题策划：
设计一张中国出版文化的"名片"

抓住重大时机、针对重大事件进行选题策划，借势而为，这是对外图书出版中常见的一种做法。就《从甲骨文到E-Publications——跨越三千年的中国出版》一书来说，其策划缘起可以追溯到2007年6月，当时中国刚被确定为2009年法兰克福书展的主宾国，国内众多的出版单位都摩拳擦掌，希望在这一出版界盛会上展示自己的风采，引起国际受众的广泛关注。

外文出版社之所以选择一个有关中国出版史方面的选题，主要是出于以下几个方面的考虑：第一，尽管出版文化史在中国的学术研究里可能算不上什么显学，但法兰克福书展作为世界上最大规模的图书博览会，是当之无愧的世界出版业的"奥运会"，而2009年则是中国第一次成为这一盛会的主宾国，届时所有的人都会聚焦中国图书、中国出版、中国文化，出版相关的书籍可以说是适逢其会。第二，如果说当代中国的出版无论从技术、理念都源于更加现代的西方，那么中国的传统出版则可以说是光彩夺目，在世界出版史上独树一帜，甚至诸如造纸术、印刷术等等都深刻地影响了世界出版业的发展与变迁。最后，从更深广的角度来看，中华文明绵延数千年，从未中断，这在世界上是独一无二的，"出版"则很大程度上可以被视为这一蔓延不绝的文明的承载者。可以说，对中国出版历史的展示，同时更是对中华文明的展示。从这个意义上讲，一本有关中国出版发展历程的图书能够成为让世界了解中国出版、了解中华文明的重要载体，成为让中国出版、中国文化走向世界的重要桥梁。

抓住重大时机、针对重大事件，进行选题策划、借势而为，的确让我们取得了良好的效果。就《从甲骨文到E-Publications——跨越三千年的中国出版》一书来说，正是因为我们将其策划包装为2009年法兰克福书展中国主宾国最切题的一道文化大餐，它在出版前后都引起了强烈的关注。2009年9月，中央电视台第9频道、新华网、中国网等媒体曾专门就该书进行访问，并对外推介该书。紧接着，新闻出版总署将本书英文版精编本作为法兰克福书展活动的指定宣传赠送图书，并紧急采购8000册。我们在半个月左右的时间内就完成了对书稿的重新改编、设计、印刷工作，按时完成了总署的任务。

2009年10月14日，第61届法兰克福书展在德国开幕，《从甲骨文到E-Publications——跨越三千年的中国出版》一书引起世界各国出版人和读者的关注。当天的《中国新闻出版报》以《"书名片"赠各国同行》为题对该书进行了报道："它是本届法兰克福书展上中国出版的'名片'、它采用多文种出版、它向国外读者描述和展现跨越三千年的中国出版，它就是由中国国际出版集团出版的《从甲骨文到E-publications——跨越三千年的中国出版》。这本书已经被印制成英文版、德文版，分3种版本，其中有1万本简装本，在此届书展上赠送给前来参展的各国出版界人士。"一天之后，本书设计者刘扬在法兰克福书展国际图书设计论坛上发表演讲，阐述本书的设计理念，对外推介中国出版及中国文化，反响热烈。

值得一提的是，上述选题策划理念是建立在我们进行充分的市场调研基础之上的，这是对于任何选题来说都极为重要的前期工作，否则就很难保证图书的出版水准，甚至会导致重复建设。

就《从甲骨文到E-Publications——跨越三千年的中国出版》一书来说，我们的市场调研分为两个部分：一为国内市场，目的在于梳理国内相关的"出版史"著作，看是否能够找到合适的作者及作品，是否需要重新组织稿件等；一为国外市场，看是否曾经出版过相关的外文图书，作品的内容与品质如何，避免重复建设。

我们发现，国内市场上确实存在不少的相关著作，这些著作均出自肖东发、黄镇伟、李明杰、辛广伟等知名研究者之手，多为高等院校编辑出版专业的教材。这些著作的学术水准当然毋庸置疑，其学术著作的特点也体现得极为明显，表现为其严谨的行文风格、旁征博引的论证等等。因此，这些著作的主要读者对象应该是国内的相关研究者与学习者，对于国外受众则缺乏吸引力。同时，治史者往往有着共同的习惯，那就是不约而同地"详古略今"，甚至对当代中国出版只字不提。然而，当代中国出版尽管已经丧失了其传统的特色，但正在日益地融入世界出版大潮，恰恰是当代中国出版最重要的特点，这一点正是我们对外宣传的重点所在。

调研中我们还发现，实际上国际市场上已经有一本有关中国出版的研究著作，这本名为《Publishing in China》的图书，确切的译名应该是

"当代中国出版",由辛广伟撰写,美国Thomson出版社于2004年7月出版。该书宣称:"This is the first book about the publishing industry in China ever written for a western audience."(这是全球第一部专门面向西方读者讲述中国出版业的英文著作),但其实际内容是"对WTO时代中国出版业的现状与走势,中国大陆、台湾、香港三大华文出版市场的一体化进程,外国资本的进入等进行的全面而客观的评述"。因此,这仅仅是全球第一部专门面向欧美英语读者讲述当代中国出版业的英文著作,远非整个的中国出版发展历程,更非多语种,也很难起到对外传播中华文化与文明的作用,当然这也并非该书的出版目的。

在抓住重大时机进行选题策划的理念指导下,在充分的市场调研基础上,我们对《从甲骨文到E-Publications——跨越三千年的中国出版》一书的定位更加全面、清晰,这就是:一本能够填补中国出版文化史空白的图书,一张针对法兰克福书展中国主宾国活动的中国出版文化的"名片",一个出版业对新中国60华诞的最好献礼。

以内容为核心,体现对外出版亮点:
以纪传体形式,将历史"通俗化"

对于任何一本图书来说,内容无疑都应该是最为核心的。就对外的学术类图书来说,则有更高的要求:内容必须具有权威性,一定意义上可以填补相关市场空白,否则其对外学术交流的意义将大打折扣;结构必须新颖,尤其不能按照国内学术著作的结构进行平铺直叙,要考虑国外受众的接受能力;详略得当,重点突出,若长篇大论,面面俱到,不仅很难深入，而且还会因为文字量巨大，使国外受众很难找到关注的重点；文字必须具有对外的可读性，否则就不能引起国外受众的阅读兴趣，也无法实现我们对外出版的目的。

就《从甲骨文到E-Publications——跨越三千年的中国出版》一书来说，全书以15万字的篇幅、300余幅图片，以图书形制变化为线索，以中国出版史进程中的经典作品、重点出版机构和重要人物为中心，将一幅从古代走到现代，从原始走向文明，从简单走向丰富，从单一走向多元的中国出版历史画卷展现在读者面前，客观、发展地解析中国出版史中的重大命题，以丰富的内容和生动的形式反映了三千年中国出版历史文化和中华文明的发展全景和丰富内涵。其特色主要表现为以下几个方面：

1、内容权威

作者的权威性是内容权威的根本保障。《从甲骨文到E-Publications——跨越三千年的中国出版》一书的作者为肖东发教授，他是北京大学新闻与传播学院教授、博士生导师，现代出版研究所所长，是中国出版史学界的著名专家。其主要的研究方向即为出版印刷史、传媒史等，著有《中国图书出版印刷史论》、《中国编辑出版史》、《中国图书》等。他曾经多次赴韩国、日本、美国出席世界印刷文化起源及出版文化国际学术研讨会，发表演讲、论文和专著，在国际上享有较高的学术声誉。

在选择肖东发教授作为我们的作者之前，我们阅读了他的代表作，也是中国各高等院校编辑出版专业使用最多的教材《中国编辑出版史》，并从北京大学网站上下载浏览了他为全校学生开设的通选课《中国图书出版史》的课件。事实证明，我们的确选择了一个合适的作者。就在《从甲骨文到E-publications——跨越三千年的中国出版》一书出版前后，由其担任重要作者的国家重点课题《中国出版通史》（九卷本）也陆续出版，其权威性再次得到证明。肖东发教授还成为了2009年法兰克福书展中国主题馆展览词脚本的主要执笔者，为本书在法兰克福书展上的亮相做了很好的铺垫。

2、结构新颖

通过前期的市场调研我们发现，大部分治出版史的名家，都习惯于用编年史的方式梳理出版发展历程，而我们则不希望这本书成为传统意义上的史书，或者变成一本关于中国出版的流水账，而是希望以"出版介质和出版方式"为切入点，按照"纪传体"的方式，对各个时期的出版特色进行梳理和总结，再现中国出版的历史发展。

由编年体到纪传体，这绝不仅仅是个别文字的变化，而是关乎全书的结构。因此，我们引导作者将其提供的大纲——刻画时代、抄写时代、手工印刷时代、机械印刷时代、信息时代等——转变为从"出版介质"出发，即甲骨竹帛时代、纸写本时代、手工印刷时代、机械印刷时代、数字出版时代等。最后再通过附录的形式，列出中国出版文化中重要的、有特色的专题，使读者既能对中国出版有纵向的整体性认识，同时又能对他们感兴趣的专题有具体的了解，实现整体结构上的纵横结合。这种结构的改变着力凸显了中国出版的特色，更避开了对国外读者并不熟悉的中国历史朝代的纠缠。

3、重点突出

正如上文所言，当代中国出版正在不断地融入世界大潮，并因而丧失了自己传统的特点。但很多调查显示，国外受众对当代中国是最为关注的，对于出版来说亦是如此。因此，我们为该书增加了不同于以往图书的又一亮点，那就是在整体再现中国三千年出版历程的基础上，突出描绘了新中国出版业60年来的发展状况、中国当代出版与世界的交流及在国际出版大环境中所做出的贡献，向世人展示了中国当代出版的成就、面临的挑战，以及与国际先进出版潮流的同步发展，尤其是对当今的数字出版大潮更是浓墨重彩，让读者在徜徉于中国古代博大精深的出版文明的同时，更能一睹中国当代出版的风采。

4、对外性强

学术类图书的严谨性是毋庸置疑的，但对外的学术类图书应该尽可能地做到可读性强，以引起国外受众的阅读兴趣。比如本书书名，作者从学术的角度提出应该为"从竹帛到E-book"，因为竹帛作为书写材料出现的时间要远比甲骨早，但我们从对外的角度来看，"甲骨"远比"竹帛"要形象得多，而且甲骨文是具有世界知名度的，因此"甲骨文"要比"竹帛"更加合适。又如，作者在当代部分，用大量的篇幅讲述什么是按需印刷、它的技术原理是什么等等，事实上按需印刷技术产生于西方，如果在对外图书中还进行过多的介绍就有画蛇添足的嫌疑了。除此之外，书稿中还时常出现"在国际书展上，中国出版人精心准备，将近年来的优秀出版物以最好的面貌展现在世界面前"，这种语言对内宣传当然无问题，但对外的话就显得十分别扭了。总之，正是我们在对外性方面的充分考量，使本书摆脱了"大事记"式的呆板写作风格，文字叙述力求言简意赅、生动活泼。这种将历史"通俗化"的写作风格十分契合该书以外国读者为读者对象的初衷，具有很强的普及意义。

此外，正是为了弥补作为学术类图书不可避免的严肃、呆板，全书使用了300多张图片，其中绝大部分都是非常具有代表性的、各大图书馆、博物馆收藏的古籍善本的书影，有些资料即便国内读者也很难见到，国外读者更是鲜见。本书对中国古代珍贵典籍善本进行的系统的展示，尤其是本书最后单独设立的三个附录，专门介绍"中国古代图书的装帧形式"、"富有中国特色的大型图书"和"最能代表中国文化的图书"，可谓锦上添花，在让读者饱览纵横交错、古今交替的中国出版文化的同时，更增添了本书的观赏价值与收藏价值。

有评论认为，《从甲骨文到E-Publications——跨越三千年的中国出版》一书，"是一座简约的图书博物馆，一部立体浓缩的中国出版史"。我们则认为，这样一本内容权威、结构新颖、重点突出、图文并茂、对外性强的图书，在短时间内是不可能有类似图书超越的。它不仅可以填补国内外相关图书市场的空白，还能够最大限度地吸引国际受众的注意力，向他们展示中国的出版成就和出版水准，实现我们对外传播中国文化与文明的最终意图。

中西合璧，打造"中国最美的书"：
努力彰显民族性与国际性的完美结合

经典的内容需要经典的形式予以承载，对外图书在形式上不但要能够与内容相得益彰，而且要符合国外读者的审美需要，使其能够在第一眼看到该书时，就有想去阅读它的冲动。这一点在对外图书出版中已经变得越来越重要，而《从甲骨文到E-Publications——跨越三千年的中国出版》一书正是在这一点上饱受赞誉，并因此获评2009年"中国最美的书"，进而在国际顶级设计大奖红点奖的评选中获得殊荣。

2009年11月，一年一度的"中国最美的书"评选活动在上海举行，该书成为"强调民族文化的现代表现，努力彰显民族性与国际性的完美结合"这种设计风格的典型代表。来自德国、美国、中国香港、中国台湾等地的多位评审一致认为："这本书运用了大量的出土及文献资料，充分表达了中国3000年出版的历史演变。版面形式运用了西方主流编辑方式，呈现出了网络设计风格，使读者能够深入内容资讯的情境之中。印刷非常精美，装帧风格国际化，用现代印刷手段表现中国传统字模的视觉效果，中西融合得恰到好处。"

评审们的意见实际上提炼出了《从甲骨文到E-Publications——跨越三千年的中国出版》一书在设计方面最主要的特点，那就是形式与内容的完美契合、国际化的设计理念。

形式与内容的契合体现在：书盒采用雅克力材料制作，其所具有的质感和光泽，能够使人联想到当代电子出版的若干特点；书盒上丝网印刷汉字"出版"二字，二字的线条恰好在书脊处构成了中国古代线装书的感觉。封面以中国古代雕版印刷的印版为主体，并在黑色的宣纸上压出雕版的质感；三边的书口全部烫成油墨的黑色，充分体现中国古代印刷的特点。书名和篇章页文字均采用竖排的方式（后考虑到外国读者的阅读习惯，改为横排），内文每页也都分为左、中、右三栏，取意于中国古代竖版图书。书中加装五色彩带，既为使用方便，也使图书变得更加生动活泼，增强了现代感。

国际化的设计理念若用两个字予以概括，那就是"简约"，甚至几乎看不到任何刻意设计的痕迹。这主要体现在：正文使用"Quay Sans"字体，图片说明使用"ITC Cushing"字体，前者作为德国 font shop 网站评选的有史以来100个最佳字体之一，是国外同类书籍常用的字体。中文则使用与"Quay Sans"字体较为形似的"DFPHei Std"字体。"Quay Sans"与"DFPHei Std"字体，简洁、清新、典雅，能够给人一种整齐划一的感觉。此外，书中大胆地使用了较多的留白，不添加任何的多余元素，配之以清雅的文字，没有任何的东西会干扰读者的阅读，给人一种疏朗、大气的整体感觉，给读者提供了一个流畅的阅读空间。

但"简约"绝不等同于简单，这其中蕴含着设计者对图书内容的理解、对国际设计理念的通晓，以及严谨的设计态度。正是在上述基础之上，设计者通过对文字、图片这些核心内容的空间规划与精细调配，制造出一种规整的秩序感。这位设计者就是刘扬。

刘扬，1976年生于北京，13岁时随父母迁居德国，后考入柏林艺术大学。毕业后刘扬游历于伦敦、纽约等地，2004年起在柏林成立个人设计工作室。多年在东西方社会以及不同文化中的生活经历，让她对文化差异有特别深的感受以及自己独到的看法。作为熟悉中德文化的知名设计师，刘扬为2009年法兰克福书展中国主宾国设计了参展LOGO，也被我们视为《从甲骨文到E-Publications——跨越三千年的中国出版》一书当仁不让的设计者。

在刘扬看来，书籍设计的原则是，"设计要为书籍的内容服务，而不是反之",而"简约的风格是最适合历史题材的","简约恰恰是中国艺术的最高形式"。正是在这一点上,刘扬对本书的理解与我们有着惊人的默契,并落实到了她的方案中。同时,在设计过程中,刘扬也将德国文化中的严谨体现得淋漓尽致。比如,书中的每张图片的颜色她都是经过细致调整的,不允许进行任何的改动。又比如,书中每一行文字的疏密都是逐字逐句调整的,删一个字或者加一个字,她都要重新调整一遍。

此外,刘扬的严谨还体现在,她对图书最终制作过程中能否实现其设计意图亦极为关注。她曾与我们一起去印厂商定各项印刷事宜,每次去印厂之时,我们都要带好所有的样品,刘扬则将所有涉及的工艺一项一项与印厂确定是否可以操作,每一种纸都需要亲眼看到样品,才能够最终确认。在走访了多家印厂之后,我们最终选定了北京雅昌彩印有限公司,这是国内顶级的图书印制企业。为了保证雅昌能够拿出准确无误的样品,我们又曾经三次前往雅昌商谈每一个细节问题。正是在与印厂的沟通过程中,我们的设计方案发生了细微的变动:封面原为古代中国雕版印刷术中的印版,在黑色宣纸上压印出整个印版。后经过与印厂商谈,因宣纸易裂,改为布料;古代印版因字迹模糊,操作难度大,改为使用现代汉语做成古代印版的效果。

通过我们与设计者的共同努力,本书的观赏价值和收藏价值都得到了提升。可以说,本书的成品本身就是中国出版的一张"名片",是中国出版特色、水平和成就的代表和展示,读者在拿起该书的时候,就能强烈感受到中国出版的魅力。

结语：学术外宣不仅可能，而且大有可为

当然，《从甲骨文到E-Publications——跨越三千年的中国出版》一书的成功绝不仅仅局限于以上几个方面。在该书的出版过程中，很多人更为此付出了巨大的努力，中国外文局副局长、总编辑黄友义从一开始就策划了该项目，并亲自审定稿件，提出了大量的修改意见。图书出版后，黄友义副局长又曾向上海市新闻出版局推荐该书，这使得该书能够有机会参加"中国最美的书"评选活动。图书出版之后，外文局领导亦多次将该书作为礼品，赠送给一些国际友人，进一步扩大了该书的影响。

2009年10月10日，在《从甲骨文到E-Publications——跨越三千年的中国出版》一书的新书首发式暨出版座谈会上，多位业界专家都对该书从内容到形式的创新给予了高度评价。北京印刷学院副院长乔东亮认为，该书是近年来出版研究领域难得一见的精品图书，因为不仅"跨越了三千年的中国出版和中华文明"（就内容而言），而且"跨越了中西方"（就多文种而言）、"跨越了学术图书与大众图书、畅销图书之间的界限"（就设计而言），这恰如其分地点出了该书出版所具有的重要意义。

但本书的意义绝不仅仅局限于其本身。中国出版如何走出去是一个大的课题，而中国学术如何走出去则更为复杂。《从甲骨文到E-Publications——跨越三千年的中国出版》一书的成功实践，无疑提供了一个很好的借鉴模式，它让我们看到了学术外宣不仅可能，而且大有可为。

胡开敏：外文出版社副总编辑。

李建安：外文出版社编辑，《从甲骨文到E-Publications——跨越三千年的中国出版》责任编辑。

案例十一:"皮书"系列

书　　名:"皮书"系列
作　　者:国内相关领域权威专家
出 版 社:社会科学文献出版社
出版时间:1997年至今
出版文版:中文、英文

【案例概述】

"皮书"是社会科学文献出版社推出的大型系列图书,由一系列权威研究报告组成,在每年的岁末年初对有关中国与世界的经济、社会等各个领域的现状和发展态势进行年度分析和预测。该系列图书的作者均为国内一流研究机构的一流专家,他们的看法和观点反映了国内对中国与世界的现实和未来的理解和认识,具有权威性。

1998年,社会科学文献出版社开始着手打造《经济蓝皮书》、《社会蓝皮书》,由此在中国出版界开创了"皮书"这一崭新的出版业态。十余年过去了,皮书系列不断发展壮大,品种达到100余种,获得了良好的经济效益和社会效益,并实现了皮书的优质化、数字化和国际化。

社会科学文献出版社从2006年开始与荷兰博睿学术出版社合作,将"皮书"系列中的经典之作翻译成英文,在全球范围内发行。英文版"皮书"在西方国家具有很大的影响力,无论是纸质产品还是电子数据产品均被欧洲十几个国家图书馆收藏。"皮书"已经成为全世界社会科学领域研究当今中国社会和经济等一系列热点问题所不可或缺的宝贵资料。

【案例评析】

让中国"皮书"走向世界

谢寿光

近年来,在中国政府推动的中国文化"走出去"战略的大力支持下,在国外对中国社会科学研究成果的强大需求下,社会科学文献出版社作为中国最高社会科学研究机构——中国社会科学院直属的专业学术出版社,积极参与国际图书出版合作交流,努力将中国优秀的社会科学研究成果推向世界。其中一项重要的工作就是与荷兰博睿(博睿)学术出版社合作,将"皮书"系列中的经典之作翻译成英文,在全球范围内发行。

在1997年以前,经济的、社会的蓝皮书基本上是在国内社科和政策研究界等小范围里传播,社会大众了解不多。从1997年秋天开始,社会科学文献出版社开始对"皮书"系列进行市场化、系列化的策划与运作,使这套书成为了政府、商业机构、研究机构,甚至社会大众的年度权威读物。现在我们出版的三大系列总数已经超过一百种。"皮书"已成为我们出版社,甚至整个中国社会科学院的一个品牌,也成为中国社会科学界参与现实生活的一个最好的载体。

"皮书"的对外出版，让世界了解中国，是一件非常有价值和意义的事情。我相信通过合作的进一步推进和延伸，我们的合作不仅仅是两家出版单位的合作，还是两个国家的合作，甚至是为中国与世界搭建起一个非常有价值和有成效的沟通桥梁。

皮书对外出版的意义

　　多数外国人，包括一些对中国比较有影响的汉学家，长期关注中国古代的传统文化和中国文明，对当今中国正在发生的巨大变化了解得不多，或者说往往只了解了一个侧面。也正是因为这样，才出现了"中国崩溃论"、"中国威胁论"，以及"中国在输出通货膨胀"等说法。这就给中国的社会科学工作者提出了挑战。中国的学者应该将他们对当今中国社会、当今中国经济的方方面面的观察、研究所得到的真实情况和真实数据告诉世界人民。

　　我们过去的传统做法是通过驻外机构去做一些宣传，赠送一些宣传品。这不能说是没有成效的，但是效果甚微。现在看起来有这样几种途径是比较有效的：一是各种国际的学术会议和学术交流的场合，中国学者要参与，与世界各国的学者在一起沟通、交流和探讨；二是要通过西方的主流媒体，通过媒体语言的转换，来让世界各国人民知道中国真的发生了变化。当然，西方主流媒体只是一个载体，核心的东西是社会各界各种研究成果，包括论文和书籍。我们社科文献出版社经过十几年精心打造的系列皮书，连续地、全面地反映了当代中国各方面的学术成果，应当说是学术主流。

博睿公司和我们都认为，"皮书"的潜在市场是很大的，大学、图书馆、研究机构等会买这些书。最主要的读者首先是西方的学者和研究者，特别是那些关注当代中国的研究者和教师。还有西方政府的研究机构、西方的主流媒体、西方的跨国公司，包括国际组织。他们会从这些书当中得到很多信息。比如《环境绿皮书》，对国际上的NGO，特别是环保性质的NGO，应该是很实用的，这里面很多内容和观点都是有价值的。它们对西方的影响我相信是非常深远的，特别是随着我们推出的英文版产品越来越多，出版时间和中文版差不多同步的时候，那么它们的价值和影响将更是不可估量的。

　　从我现在掌握的资料看，西方大学里那些要讲授有关中国的课程的教授们，基本上都要从这套书中寻找参考资料。

双方合作的过程和成效

寻求全球合作的机遇，找到最合适的合作方

　　西方的媒体、包括出版业，需要大量了解中国社会科学研究的成果。而我们，包括社会科学院在内，应该把自己的成果向全世界推广出去。中西双方很多有名的出版社和出版公司都在寻找全球合作的机遇。在我们与博睿公司寻求合作的过程中，有一些偶然的因素，也有一些必然的因素。博睿公司里面有中国通，他们知道中国最大的社会科学研究基地是社会科学院，所以就先找到中国社会科学院。博睿市场部的负责人从2005年就开始和我们接触。我们的行动很快，2006年上半年就把第一次合作的协议签定了。

推出西方最需要了解的东西

作为中国社会科学院直属的专业学术出版社，我社在对外合作出版中重点推荐中国社会科学界的重要研究成果。在这个理念的指导下，我们选择了有关中国社会、经济、法治、人口与劳动等有关国计民生问题的"皮书"作为合作首选，同时也选择有关中国环境及教育等当代热点问题的相关研究成果进行合作出版。2006年，我社与博睿签署《中国社会》、《中国经济》、《中国法治》、《中国环境》及《中国人权》五本"皮书"的合作协议。之后，2007年增加了《中国教育》及《中国人口和劳动》两本"皮书"的合作项目，2008年又增加了《中国非营利评论》（期刊）的合作出版协议。这些实际上是我们整个"皮书"体系中关注点最高、最成熟、影响力最大的部分，不仅仅是中国，也是西方最需要了解的东西。这一点充分体现了博睿编辑的专业眼光。我们双方在这个问题上是很默契的。

在良性合作互动中取得更大话语权

在与博睿的合作中，双方也由开始的互相磨合与适应，逐渐探索出了一套良性互动的工作机制。双方每年定期进行工作会谈，推荐选题，开展人员互访和培训，进一步加强和密切了合作关系，使出版工作进展顺利。

合作出版是一个系统的大工程，需要双方出版社相互支持和配合。我社精心选择，向博睿推荐优秀选题，同时博睿组成国际编委会对选题进行评估，以确定是否列入双方的合作出版系列。待双方签订合作出版协议后，依双方商定的职责分工，我社承担了英文版"皮书"的编辑、翻译及审校等一系列最基础和最艰难的工作，博睿方面负责英文版"皮书"的市场推广、印制生产、全球发行等工作。在开始的合作阶段，我社承担了相当重的职责，由外方对我社的工作进行评价；然而随着项目的不断深入，我社在合作中占据了越来越重要的地位，取得了更大的话语权。

由于学术出版的严谨性，我社从中文稿件开始抓起，请相关学科最有经验的编辑担任责任编辑，以便翻译工作顺利进行。同时，多方联系和筛选，聘请具有一定学术背景的翻译对中文稿件进行翻译。为了保证英文版"皮书"更符合西方读者的阅读习惯，英文版"皮书"进行两轮翻译和审校过程。第一道工序是在国内组织有专业背景又懂英文的专业人士来翻译。第二道工序是由我社高薪聘请母语是英语、又懂中文且具有相关学术背景的国外审校人员对已翻译完成的稿件进行修改、润色，力求在达到国外学术书籍的出版要求的同时保证"皮书"所具有的中国特色。之后，我们将书稿交给博睿公司，由他们处理。这不仅完全符合西方的程序，而且大大提高了翻译质量，符合学术出版要求和西方读者的阅读习惯。也有部分"皮书"，例如《中国环境》，其主编、作者都会英语，所以他们写作的时候基本上就是用英语写的。

我们整个成果要走到西方世界里，语言翻译是一个非常大的问题。翻译首先不但要懂外语，还要懂得各个学科的专业知识，要介入它的领域，同时又要了解读者的心态，知道读者想要什么。我们在翻译过程中也得到了政府，特别是"中国图书对外推广计划"的支持，如果没有这些支持，我们的成本就太高了。

目前英文版"皮书"基本以每年出版中文版的同时就运作英文版这样一个出版模式进行，合作出版工作正在有条不紊地进行中。合作初期曾有的推迟交稿的现象现在已基本避免，基本达到中文版"皮书"出版的当年内就能出版英文版"皮书"，更好地保证了"皮书"的时效性。

成为国外社科领域研究中国不可或缺的宝贵资料

目前，博睿除了在全球范围内发行纸质英文版"皮书"外，电子版"皮书"也是主要发行的产品。发行对象主要为国家图书馆、大学图书馆、部分书店及个人学者和在校学生。每本"皮书"印制数量为500册，定价均为99欧元，目前发行量稳定，均已超过印制数量的一半。从现有样书来看，英文版"皮书"印制用纸质量较高，制作工艺精细，外形美观，能表现出学术书籍的特性。

电子版"皮书"具有价格便宜，使用方便等特点，深受个人学者及在校学生欢迎，所以电子版"皮书"更易使广大读者所接受，是主要畅销产品。从与博睿的多次工作会谈及其所提交的销售报告来看，英文版"皮书"在西方国家具有很大的影响力，无论是纸质产品还是电子数据产品均被欧洲十几个国家图书馆收藏。各大学图书馆，例如英国剑桥大学和牛津大学图书馆、荷兰阿姆斯特丹大学和莱顿大学图书馆及美国一些大学图书馆已经订购或在陆续提交订单购买英文版"皮书"。自2008年起，"皮书"的销售额快速上升。已经出版并销售的5本"皮书"的平均销售量均达到了销售目标，这同时也说明有更多的人在关注和研究当代中国。"皮书"已经成为全世界社会科学领域研究当今中国社会和经济等一系列热点问题所不可或缺的宝贵资料。

谢寿光：中国社会学会秘书长，社会科学文献出版社社长。

中国网访谈：
中国皮书是怎样"走出去"的

谢寿光 （荷）赫尔曼·帕布罗维

编者按：2007年8月30日，社会科学文献出版社与荷兰博睿（博睿）出版公司在第14届北京图书博览会上，联合签署"框架合作协议"与"合作出版协议"。这不仅是社科文献出版社在"走出去"的道路上迈出的成功一步，也标志着"皮书"系列将带着中国发展改革过程中的最真实数据，走到世界读者面前。中国网在签署协议的前一天，即8月29日下午的15时，邀请社会科学文献出版社社长谢寿光和博睿出版公司总裁赫尔曼·帕布罗维（Herman Pabbruwe）作为嘉宾进行了访谈。嘉宾在访谈中介绍了双方合作的过程和理念，对我们了解这部书的成功经验有一定帮助，特选在此作为"案例评析"的部分内容。谢寿光在访谈中的部分内容与上文有重合之处，编者在本文中进行了删节。

中国网：各位朋友，大家好，欢迎来到中国网，这里是"中国访谈，世界对话"。从1997年起，社会科学文献出版社就开始精心打造"皮书"系列。在十年的时间里，在他们的共同努力和辛勤工作之下，"皮书"系列获得了极高的知名度、认可度和美誉度。在本届国际图书博览会上它将与荷兰的博睿公司共同签署合作出版协议。这不仅仅标志着社会科学文献出版社在走出去的道路上迈出了相当漂亮的第一步,同时也说明"皮书"系列图书将被推到世界读者的面前。

我们首先为您介绍今天做客中国访谈的嘉宾,他们是:

荷兰博睿公司总裁帕布罗维先生,欢迎您。

中国社科文献出版社社长谢寿光先生,欢迎您。

我想问一下帕布罗维先生,在西方国家,你们是如何反映西方社会的呢?

帕布罗维: 这个是非常大的问题。在西方,很多人都非常羡慕中国的发展和中国学者的成果。在我看来,很多人太强调经济方面,但是我觉得社会、法律等很多不同的方面也都非常重要,所以我们想出版一些图书给西方人看看中国人在这方面有什么意见。

从博睿出版社的角度来看,我非常高兴有这个机会跟中国社会科学文献出版社合作。博睿是非常老的一个出版公司,1683年成立,从17世纪开始就出版了很多关于古代中国的书。现在我们正在向现当代中国方向走,非常高兴跟这么一个了不起的出版社合作。

中国网: 帕布罗维先生,您这一次来到中国,跟中国的出版社签署协议,这样做对您有什么样的意义呢?

帕布罗维: 我知道现在中国读者很需要英文版的国外图书,所以我们很愿意把英文版的国外著作介绍给中国的读者。中国很大,同样,世界也很大。我们不可能把我们的书送给每一位读者,但是可以通过我们的数据库、网络送给中国的学府、研究所和大学。

帕布罗维：我非常高兴能够跟社会科学文献出版社合作，我感到很骄傲，我们下一步就要通过双方的网络，推荐一些学校参与这种合作。

中国网：帕布罗维先生，2006年的《环境绿皮书》已经出版了，我们想知道，现在的情况怎么样，有什么样的预期呢？

帕布罗维：这是我们合作出的第一本书，目前刚刚出版近两个月，销售情况很快会从市场反馈回来。我想这本书会让很多人都感兴趣的。

今天上午我们讨论了如何加速出版的进程、加速翻译进度，所以我们决定只要中文的稿子一完成，不等中文出版，我们就尽快翻译成英文，抓紧翻译出版，加快我们的出版速度。

中国网：在选择读者方面我们有怎样的定位呢？

帕布罗维：我想最主要的读者首先是西方的学者和研究者，特别是那些关注当代中国的研究机构和教师。他们会从这些书当中得到很多信息，特别是从其他卷中，像当代中国经济、当代中国法制等等，他们会得到很多信息。同时我们会在网上公布这些新书的情况，他们会从网上搜寻，找到相关的书目阅读。

中国网：请两位谈一下，这次"皮书"走出了国门，对世界会有怎样的影响？

帕布罗维：目前我们的工作是想让世界知道，我们已经有这样的书了，有这个出版物了。我想，它的市场的潜在能量是很大的，将来大学、图书馆、研究机构等会买这些书,人们能够从这些英文书当中了解中国。它们对政府机构和非政府机构的影响是深远的。将来人们在数据库中也能找到很好的资料。

中国网: 这次双方的合作是一个很好的开端,在两位看来,中国的出版业要想走向全球化、走向世界,该如何实施呢?

帕布罗维: 图书市场主要取决于出版的类别,商业书刊和专业书刊是很不同的。我们现在就锁定了我们的读者对象,主要是研究机构和学者,所以我们在选择合作方的时候,一定要有坚强的信念,从翻译上和内容上都做到适合学术界的需求,我们对此充满了信心。

在学术方面,客观的研究非常重要。如果中国的出版社想要对外推广,那就应该找一个在国外非常有名的出版社,跟他们合作,必须勇敢投资,走冒险的路,才能够在国外的市场卖很多书。

最后,我非常希望国外的出版社和中国的出版社多多合作。

谢寿光: 我想是这样,帕布罗维总裁对中国的看法是非常中肯的,刚才的说法我也完全赞成。我要补充几点:

第一、首先要了解西方的出版业和中国的出版业在体制上是不一样的,如果你想进入到西方的出版市场,那么你必须深入了解,了解它们是怎么运作的。

第二、你必须了解西方读者对产品的需求。如果你一厢情愿,说我这是一本好书,或者讲这是在中国发行得非常好的一本书,这样的话很可能在西方是没有需求的,北京卖得好不一定在上海就卖得好。所以一定要研究西方各个层次读者的不同需求。

第三、你自己提供的产品一定要有原创性，一定要有相当的权威性，这样才能让你的产品真正进入到西方的图书市场中。中国的市场不成熟，有些伪劣产品还在流通。而西方有非常成熟的市场，它有着一套淘汰的机制，西方的读者是非常理性的。你那些垃圾读物是不可能在西方市场流通的，所以你必须拿出最有价值的、带有原创性的东西来，这样才能够进入到西方的图书市场，和西方的出版机构合作。

最后一条是，像刚刚帕布罗维先生讲的，要舍得花钱。不仅仅要舍得花钱，而且还一定要找到和你的理念、追求相近的单位进行合作。我们和博睿公司的合作之所以能在那么短的时间内迈出了那么大的步伐，就是因为我们两家出版单位的理念有着非常吻合的地方。当然它有着两百多年的历史，而我们只有20多年的历史，我们还不成熟，所以非常感谢博睿跟我们合作。

中国网：他们可能是看中了你们的潜力。

谢寿光：对。

帕布罗维：谢谢谢社长，我们有着同样的信念、同样的想法，我们也愿意跟社科文献出版社合作。我们现在选择你们的出版社，我们感到非常骄傲，我相信我们的合作会更好，我们能够达到更高的目标。

我们都有着同样的理念，都非常重视客观的研究。另外，我们只出版最优秀的学术作品，在这两个方面，我们有着共同的目标。

我非常同意谢社长的观点，翻译确实有着很大的学问。首先不但要懂外语，还要懂得各个学科的专业知识，要介入它的领域，同时又要了解读者的心态，知道读者想要什么。翻译决定了这本书是不是好书，只有好书才能占领市场。另外，我们目前是在探索市场，今天上午也讨论了如何加快出版的进程，博睿公司有五个既懂中文又懂英文的外国人。我相信，随着今后进程加快，图书会一个接一个地很快进入市场。

中国网：好，我们来看下一位网友的提问，博睿是历史悠久的出版公司，你们和中国出版社还有哪些合作？什么时候能在中国看到你们的书呢？

帕布罗维：我们现在非常重视对当代中国的介绍，同时也非常重视对中国古代文明的介绍。现在世界进入了全球化时代，我们要找到非常优秀的作者来实现这样的出版目标。另外，我们有着一个长期的目标，就是把中国的图书通过合作出版介绍给世界。

博睿学术出版社出版了很多关于古代中国文学、哲学的书，所以在这方面会跟其他出版社合作。但是，在现代中国社会科学方面，我只知道一个非常优秀的出版社，就是社会科学文献出版社，所以我们才会有着密切的合作。

中国网：下面这个问题很有意思：博睿公司的国际学术精神是非常令人称道的，双方会不会一起组织学者合作出版图书呢？

谢寿光：这个是肯定的，我们正在做这件事情。双方不仅要一起组织学者出版学术著作，而且我们这几年一直在建立一个关于当代中国的研究网络。我们要搭建这样一个平台，不仅仅是出版学术著作、出版论文集，我们每年还要举办有关当代中国学术研究的国际会议。关于这方面，我相信博睿也会加入到我们的合作中来，共同对这个事情进行改进。

帕布罗维：谢社长所讲的是一个非常好的想法，我们要根据研究成果来出版书，因为我们自己的出版社不写书。所以能够找到最好的出版材料和出版资源是非常重要的，我们今后有很多方面可以进行合作。

谢寿光：还可以透露一个信息，这两年我们正在推出《中国研究》这本杂志，有可能《中国研究》这本杂志今后就会成为我们两家共同的出版物。

帕布罗维：我们期待着《中国研究》能够尽快面世。

中国网：我们也送上衷心的祝愿，祝双方合作的道路越来越宽广。谢谢两位接受我们的访谈。

案例十二:《汉语900句》

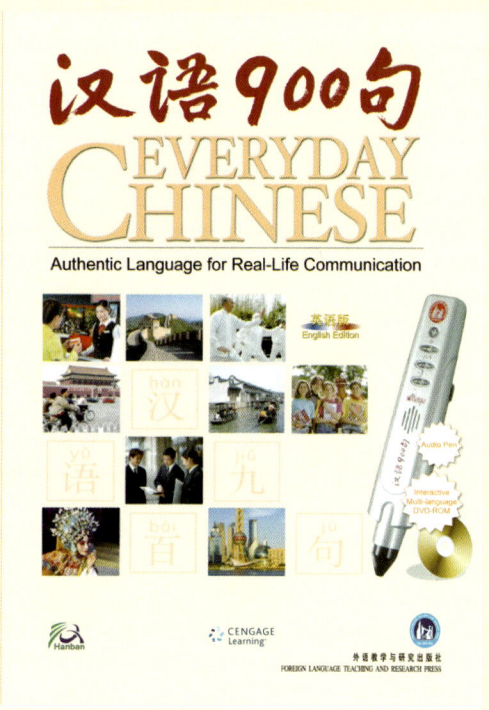

书　　名:《汉语900句》
作　　者:《汉语900句》编写组编
出 版 社:外语教学与研究出版社
出版日期:2006年–2010年
出版文版:英文、法文、西班牙文、德文、俄文、意大利文、
　　　　　阿拉伯文、日文、韩文、泰文等。

【案例概述】

《汉语900句》是一套为海外汉语初学者编写的多媒体实用口语教材，由外语教学与研究出版社和汤姆森学习出版集团合作出版。该书旨在帮助读者在较短时间内，以轻松、有趣的学习方式，掌握基本的会话，迅速提高汉语交际能力。其围绕市场需求的多种功能创新设计，如口袋书的设计、点读笔的首次运用、网络平台的互动、趣味Flash语境阐释、软件在线更新等等，充分调动了市场的阅读期待，受到外国人的青睐。

它是国家汉办首次将编写、出版及发行采用一条龙招标形式、面向海外汉语学习大众研发的多媒体教材，也是迄今语种最多、规模最大的外国人学汉语教材。迄今已推出了15个语种、近30个品种，在世界50多个国家进行推广，累计销售近5万册。《汉语900句》成为国家文化出口重点项目和国家领导人的国礼赠送品，还获得过"2006年度最受欢迎的国际汉语教材奖"、"2007年度全行业优秀畅销品奖"、2008年首届"中国政府出版奖之音像电子网络出版奖"。

【案例评析】

国家汉语国际推广工作"六大转变"的标志性项目

满兴远

《汉语900句》在2006年的研发及出版,成为外研社落实"对外汉语及中国文化'走出去'出版战略规划"的标志性产品。自此,外研社以"借船出海"为指导方针,在汉语及中国文化出版方面,强化国际合作特别是合作出版的力度,陆续推出了100多个品种的国际汉语教材、读物、工具书、学术图书。外研社也因汉语国际推广及中国文化的对外出版实践,被新闻出版总署的有关领导称为"中国出版'走出去'的排头兵"之一。反思起来,《汉语900句》堪称外研社走向国际市场沙场练兵的关键一仗,其中有很多值得我们自己总结的宝贵经验与教训,现从以下几点试作总结。

不谋而合的战略规划

2004年底至2005年初,外研社社长李朋义连续召集多次会议,要求社编委会全体成员及汉语事业部、综合英语事业部、综合语种事业部相关人员参加，讨论外研社"对外汉语及中国文化'走出去'出版战略"。这是外研社真正开始把国际市场的业务开拓视作自己未来三十年的战略发展方向。总编辑蔡剑峰在对媒体阐释这一规划时，从战术的角度，形象地将之概括为"走向世界，外研社打响三大战役"，要求为特色而战，为效益而战，为创新而战。《汉语900句》的出版为这三大战役打响了头炮。

2005年，汉语编委会将策划一套面向国外普通大众初次接触汉语的实用教材列入了计划，并为此专门组织了多次调研和专向座谈。当时的目标很简单，就是要打造一套中国的"新概念英语"、"英语900句"或者"走遍美国"。

幸运的是，2005年至2006年，汉语国际推广的大形势，恰恰将新型对外汉语教材的建设提到了日程表上。首先是2005年中央领导提出"汉语加快走向世界是件大好事"，高瞻远瞩地指出了把对外汉语教学转向汉语国际推广的发展新思路。不久，国家汉办从"国家对外汉语教学领导小组办公室"更名为"国家汉语国际推广领导小组办公室"。特别是在全国政协十届四次会议分组讨论上，严隽琪委员明确指出，在经济全球化、世界文化多元化的背景下，加快汉语国际推广，越来越具有重要和深远的战略意义。而汉语国际推广跨越式发展的关键是要创新体制和机制，实现"六大转变"：一、发展战略从对外汉语教学向全方位的汉语国际推广转变；二、工作重心从将外国人"请进来"学汉语向汉语加快"走出去"转变；三、推广理念从专业汉语教学向大众化、普及型、应用型转变；四、推广机制从教育系统内推进向系统内外、政府与民间、国内外共同推进转变；五、推广模式从计划经济向政府推动的市场化运作转变；六、教学方法从纸质教材面授为主向充分利用现代信息技术、多媒体网络教学为主转变。

反观这几年的汉语国际推广实践，"六大转变"高度地概括了国家汉语国际推广战略规划，它的理论指导意义堪称深远。

2006年春节前夕，国家汉办宣布将会在节后以新型招标的形式，启动《汉语900句》研发、出版及发行单位的公开招标。开标时间定在2月14日（正月十七）。初闻这一消息，大家先是兴奋，毕竟我们准备了如此长期的一个策划，现在竟有机会竞争成为国家招标项目；接着就是紧张，时间太紧了，拿到标书的当天，外研社"汉语900句"项目竞标工作领导小组及工作组分别成立并立即工作。最终，外研社和汤姆森学习出版集团联合组成竞标小组，以准备充分的项目设计以及极具竞争力的竞标价格，如愿拿下了这个国家重点教材项目。"《汉语900句》作为国家汉办首次以编写、出版及发行一条龙招标形式研发、面向海外汉语学习大众的多媒体教材，是一次创造性的尝试，为实施'走出去'战略尝试新模式，走出了一条新路子。"媒体在报道《汉语900句》时所总结的这句话，无论是对外研社，还是对时值汉语国际推广工作思路转变的2006年而言，都非常准确地概括了这个产品所蕴含的特殊意义。

精雕细琢的完美设计

经与汤姆森充分沟通后，两家出版社成功地组建起强大的作者阵容。中方作者团队主要来自于北京外国语大学，有吕滇文、丁安琪、张晓慧、吴丽君等，黄宏副教授确定为主编。外方作者团队由美国哥伦比亚大学的刘乐宁博士、威廉姆斯大学的倪健博士、耶鲁大学的牟岭博士、佛蒙特大学的印京华博士组成。项目组还邀请了美国俄亥俄州立大学汉语系主任、全美东亚语言资源中心主任吴伟克教授（Prof. Galal Walker）、威廉姆斯大学东亚系主任、东亚系终身教授顾百里教授（Prof. C. Kubler）、国内英语教育专家陈琳教授、何其莘教授、胡文仲教授担任教材编写顾问。同时聘请中外汉语教学专家分别担任中外文稿件审读，确保本书的编写质量。

在黄宏老师的主持下，教材编写着重突出如下三个特点：

一是产品设计以使用者为中心，选取最典型、最基础的句型，帮助国外使用者解决最迫切需要解决的表达与交流问题；选取最生动、最常用、最贴近生活、覆盖面最广、发生在学习者身边的种种鲜活、真实的语境和语料；提供最常用的实用交际口语，通过语料库和句频与词频研究来遴选出最常用的句子，句型则力求简短、真实、典型。

二是功能设计以实用性为核心，突出即学即用。强调具体功能与现实场景相结合，通过强大的搜索功能，让使用者能在第一时间用汉语准确表达。所有句子均为常用场景中的典型句型，意义相对独立，使用者开口即能说出。汉语零起点的使用者，可根据真实场景的句型，参考英文释义和所注拼音，或读出、或向对方指出对应的句子，解决表达与沟通的燃眉之急。

三是场景设计以生活化为依据，反映当代中国人的真实生活面貌，展示地道的中国语言表达方式。出于在国际推广汉语的考虑，场景设计体现了一种中国风格，呈现给学习者一种最为真实的语言环境。同时注意选择有趣的话题内容，场景中的语言生活化、地道、实用。

《汉语900句》编写团队在编写中始终贯穿一个理念，那就是"一切从学习者出发"，这类的例子俯拾皆是。比如在内容上，整部书中没有讲到任何语法，但语法的功能点却又无处不在。编写者经过努力，已经把常用的120多个语法点绝大部分融入到了900个句子里。在形式方面，出版社经过多次讨论和国际调研，最后欣然接受教育心理学家的建议，确定制作小开本，让所有的学习者从形式上对这本书有一种亲近感。此外，外研社还成立了多媒体工作小组，以完善售后服务。这样，凡是《汉语900句》的使用者均可通过手机、网络和广播得到外研社提供的各种优质服务。

　　各语种版本成功推出三年后，《汉语900句》项目组在2009年下半年完成了第一次全系列产品的修订及功能升级工作。目前，配套网站正在改版过程中，新的网络平台www.chineseplus.com将为所有《汉语900句》读者提供更为丰富、实用的海量学习资源；重新开发的多媒体互动学习光盘，只需通过网站验证，则可立即实现十二个语言注释版本的任意界面切换；更新后的点读笔在外观及功能等多方面都有很多提升。

独树一帜的创新追求

　　作为一套对外汉语教学产品，《汉语900句》如此吸聚人气的最大秘诀在于它从构思设计之初到出版发行的全程，一直与"创新"和"第一"两个词相伴。

　　首先是研发思路的创新。在首次产品的策划会上，项目组就树立了"小产品，大产业"的运作思路，即基于语言产业的角度去设计并经营这一产品。"汉语900句"的定位是一套方便外国人即学即用汉语的多媒体系列产品。

项目组认为,汉语热的持续升温会在国际市场上培育出更多汉语的入门学习者。他们的学习时间不固定,学习目的多样化,学习需求差异大,这就需要通过一个产品系统而非一本教材去满足不同层次读者的汉语学习需求。在大家的设想中,"汉语900句"未来将不只是一本薄薄的小手册,它将由图书产品、CD、Video、DVD-ROM、互动式学习网站组成一个完整的汉语学习系统。就图书而言,它包括多语种的实用而便携的自学版、系统而新颖的课堂教学版、完美呈现地道中国与当代中国的视听说版以及分行业、分领域的实用手册系列。《汉语900句》项目第一期所要研发的,首先是自学版,其定位是"一套为海外汉语初学者编写的多媒体实用口语教材,旨在使读者在较短的时间内,以轻松、有趣的学习方式,掌握基本的口语会话,迅速提高汉语交际能力"。概括而言,自学版所要解决的问题在于偶发式学习或检索的便利与实用。为此,自学版的编写,就必须"突破传统的教材编写观念,甩掉所谓的教学的系统性,而是以交际为目标,注重实用性、趣味性和教与学之间的互动"。

其次是教材编写理念与流程的创新。根据调研,项目组发现,与国外英语教材研发相比,以往很多对外汉语教材的策划与编写往往停留在孤立的产品的层次上,更多地是依靠编写者个体的教学经验,整体上尚处在"手工作坊式"的生产模式上,出版社作为教材编写的组织平台作用并没有得到很好的发挥。而此次外研社与汤姆森强强联合,共同研发,很好地将外研社的母语资源优势、国际教材的本土化经验与汤姆森的市场需求分析、国际化教材编写流程经验结合在一起。中外出版社的这次合作出版，就其深度而言，也堪称新中国对外汉语教材编写史上的首次。

再次是产品形式的创新。《汉语900句》自学版每个语种均由普通装帧和点读笔套装组成。其中普通装帧含图书一册，DVD-ROM互动学习软件光盘一张，CD光盘三张，学习卡一张；点读笔套装除了上述内容外，另配备一支能够即点即读的笔。

点读笔其实是为丰富自学版的产品形式在研发后期新推出的。基于蔡剑峰总编辑的建议，项目组及时考察了在国内刚刚崭露头角的这一技术，并将其应用于本项目，最终成为《汉语900句》项目的画龙点睛之笔。

目前，"汉语900句"项目正在进行二期项目研发，主要目标是开发课堂教学版及视听说版教程，继续对点读笔及互动学习软件光盘DVD-ROM进行功能更新。在2010年的各个语种的最新修订版本中，"汉语900句"任意语种的点读笔可点读其他所有语种的图书，而且发音内容已不限于中文核心句型，新的版本中包括单词及外文均可以发音。通过产品所附赠的学习卡、软件光盘，一经网络注册反馈，学习者可以免费开通多达12个语种的延伸功能服务。

借船出海的国际推广

在打造高品质产品的同时，双方出版社的编辑及市场部门人员通力合作，制定了一整套的产品推广方案。概括来说，推广计划主要包括以下几个方面：以媒体的强势宣传告知读者本套产品的权威性和特色，从而引起市场的关注（作为国家汉办2006年第一个重大招标项目，《汉语900句》在未上市之前已经吸引了众多媒体的关注）；以广播、网络等现代化的教学传播平台方便学习者尝试；以多样化的面对终端客户的近台宣传和重点摆放促使读者实现购买；以丰富多彩的教学和比赛活动提供后续服务。

《汉语900句》国际市场推广的步骤主要由三部分组成：1、采取全面布货、重点突破的策略。我们把全球市场分为北美、东亚、东南亚、欧洲、南美和非洲等不同细分市场，在广泛进入市场的前提下，优先关注汉语学习开展较有基础并有巨大发展潜力的国家和地区的市场，如美国、加拿大、韩国、日本等国家。在借助这些国家方兴未艾的汉语学习热潮实现较大的市场销售的同时，实现对周边国家的市场辐射。2、在不同的地区，针对不同国家民族的文化心理，对产品进行不同形式的开发、包装，采取不同的定价策略和推广手段，寻找有实力的本土化合作伙伴，共同拓展市场。3、充分利用国家汉语国际推广的大势，关注孔子学院等汉语教学机构的发展现状，认真培育具有成长性的国家或地区市场。

当然，《汉语900句》的国际推广，首先借助的是汤姆森学习出版集团遍布全球的庞大销售渠道及服务体系。汤姆森作为全球两大教育出版集团之一，在高等教育、语言学习等领域具有强大的教材研发及全球发行能力。集团在美国12个城市、加拿大、英国、新加坡、澳大利亚、西班牙、波多黎各、巴西、墨西哥均设有分支机构。以美国为例，汤姆森在美国共有4000名院校销售代表，业务覆盖美国3000所大学和14000所高中。针对美国开设汉语课程的各大中小学及培训机构的直接营销活动，便成为汤姆森第一阶段的营销重点。

其次,外研社充分利用了每年参加近二十个国际书展、语言展、教育展及数字出版展览的机会,大力宣传推广《汉语900句》,取得了非常好的宣传效果,有的展场甚至变成了售卖专场。以2007年的俄罗斯国际书展为例,外研社展台的《汉语900句》专场活动吸引了全场观众的瞩目。参加外研社现场组织的汉语小竞赛获奖的十多个中学生兴奋地穿着《汉语900句》的宣传T恤,成为整个会展最为靓丽的一道风景线。在活动的带动下,当场实现销售五十多套。

除零售市场以外,团体销售的突破也是《汉语900句》成功的重要原因。点读笔套装便携实用,广受自学汉语的国际商务人士的青睐。外研社根据这一实际需求,积极地与为各跨国公司提供语言培训服务的机构联系,通过价格优惠、配套服务等措施,在欧美及日韩市场上开发了数家机构、团体用户,并且通过这些团体用户,辐射性地影响了更为广大的个体用户市场。

满兴远:外语教学与研究出版社国际汉语研究发展中心主任,汉语出版分社副社长,《汉语900句》项目总协调人。

汉语教学走向海外大众市场的品牌产品

刘 骏

回顾新世纪十年以来的对外汉语出版，我们可以把2006年作为一个分水岭。之前的这五年，也就是2001-2005年，国内出版社关注的重心在国内留学生市场，对外合作则以版权贸易为主，且主要集中在日韩等亚洲国家。2006-2010年，受国家层面由对外汉语教学转向汉语国际推广工作思路的影响，国内出版社的关注重心逐渐从国内留学生市场转向海外的汉语学习市场。这其中一个标志性事件便是《汉语900句》的编写、出版及发行的一条龙招标。

在众多的对外汉语教材中，《汉语900句》立项之初便明确定位为面向外国社会大众的应用型汉语教材。2006年2月，国家汉办将《汉语900句》的编写、出版及发行立项，面向社会公开招标，经过角逐，外研社和美国汤姆森学习集团联合中标，并于8月底北京国际图书博览会和10月初的法兰克福国际图书博览会上正式发布，现场签署14个语种的翻译协议。《汉语900句》一跃成为国际汉语教学走向海外大众市场的标志性品牌产品。作为教材的出版者，外研社更是将自身的市场推广宣传能力充分发挥,凭借对这个项目的成功运作,而在对外汉语出版界崭露头角。

四年之后的今天,我们回顾和分析《汉语900句》项目的运作经验,至少有以下四点可以作为我们中国出版企业走出去的历史镜鉴。

以市场为中心:
确定提供产品和服务的内容与尺度

2000年之前,国内从事对外汉语出版的出版社不过三五家。2006年之前,进入对外汉语出版领域的出版社逐渐增加,达到了十多家。大家的产品基本上以服务国内留学生的对外汉语教学需求为主,多为学历类汉语教材。而随着经济领域中国概念在国外的升温,国外汉语学习热情得到了前所未有的激发,学习人数激增,从而形成了一定的市场需求。非汉语语境、非系统化学习、年龄不等、浅尝辄止,这些均是这一初级市场的一些表象特征。《汉语900句》可以说一定程度上适应了这一潜在的市场要求,所以它的适时推出得到了较好的市场回应。以市场为中心,首先是要通过市场调研细化、明确市场需求。据介绍,外研社和汤姆森教育出版集团曾在项目设计之初进行了长达一月的国际目标市场调研,这一点对双方最终决定竞标国家汉办项目起了关键作用。其次,以市场为中心,要以市场需求为标准,确定提供产品和服务的内容和尺度。市场和出版社是顾客和提供商的关系,不是学生和老师的关系,产品和服务的提供能否到位而不僭位,是关键所在。换句话说,关键在于迎合市场,而不是教育市场。《汉语900句》编写组根据市场调研,最大程度上坚持了产品设计的初衷,突出"实用"和"情境",强调"核心句型的表达功能",应该说是对市场需求的准确回应。

品牌聚焦：
品牌层次化+品牌扩大化

长期以来，国内出版界对个体图书产品的"品牌"建设关注不多。很多出版社的教材建设陷于一种自我循环和重复建设。这一点在对外汉语出版界表现得尤为明显。由于没有产品线的总体规划，许多出版社教材建设缺乏长期战略规划，过度依赖外部投稿，靠天吃饭，自主策划严重不足，导致产品相互重复，甚至自我重复。进入新世纪以来，打造品牌教材，逐渐成为各家出版社竞争的焦点。《汉语900句》项目的成功，很大程度上取决于品牌运作的成功。一方面，他们通过"品牌层次化"，通过图书、光盘、点读笔、学习卡、网络平台多种媒介的综合运用，让单一的产品最大程度地满足细分市场的具体要求；其次，他们通过"品牌扩大化"战略，在不到三年的时间内，完成了15个语种、30多个品种版本的出版。同时，为充分挖掘"汉语900句"品牌价值，使之延伸到课堂教学领域，外研社随后投入百万巨资，配套拍摄教学视频，推出应用于课堂教学的教材版。

创新致胜：
创新设计，充分调动市场阅读期待

创新，这是《汉语900句》项目的最大亮点。这一项目最初被定义为汉语国际推广第一标。对于具体教材,进行国家级的公开招标,《汉语900句》可谓首倡其端。同时,中外两家出版社在对外汉语领域内进行如此深入的合作,也堪称首次。2006年之后,中外合作出版蔚然成风,代表性的有麦格劳-希尔和外研社的"我和中国"项目、汤姆森和北师大出版社的"加油"项目、麦克米伦和外研社的"走遍中国"项目、中国国际出版集团(中国外文局)与美国耶鲁大学合作的《环球汉语》项目,等等。更为关键的是,《汉语900句》项目在内容上进行了多项创新。如口袋书的设计、点读笔的首次运用、网络平台的互动、趣味Flash语境阐释、软件在线更新等等。这些围绕着市场需求的功能创新设计,充分调动了市场的阅读期待。在当时国内相关领域"同质化"竞争严重的市场格局中,《汉语900句》项目很好地实施了"差异化"的竞争策略,再配合以国际书展签约、多语种同时推出等新型产品推广宣传策略,在市场上为"汉语900句"极力营造了一种耳目一新的产品形象。

渠道为王:
借助外方直接营销渠道进入销售终端

中国出版业走出去,关键之一在于要克服先天的短板——渠道危机。长期以来,我们的对外汉语图书产品由于海外市场的相对狭小,海外销售基本被限制在华人华裔社区的小型书店,以零售加个别中文学校的团体订购为主。图书的版权贸易则集中在日韩等国家,欧美等国家的主流出版社引进汉语图书版权则非常少。《汉语900句》项目所推动的中外合作出版模式,根本上走的是"借船出海"走出去的运作思路,借助海外教育出版集团现有的销售渠道，以相对较低的进入成本，进入国外的主流销售渠道。近两三年来，中国出版界更是从"借船出海"走向"买船出海"和"造船出海"，纷纷在国外设立办事处、信息中心，甚至筹建分社，成立合资公司等等，应该说中国出版走向海外的渠道正在日益多元化。《汉语900句》项目作为国内较早的借助外方直接营销渠道进入销售终端的项目，在这方面给我们留下了很好的经验。

刘骏：世界汉语教学学会副会长、美国亚利桑那大学孔子学院院长。

案例十三：《新实用汉语课本》

书　　名：《新实用汉语课本》
作　　者：刘珣
出 版 社：北京语言大学出版社
出版时间：2002年
出版文版：英文、法文、德文、俄文、西班牙文、阿拉伯文、日文、韩文、泰文等

【案例概述】

《新实用汉语课本》是北京语言大学出版社针对母语为英语的人编写的一套大学中文专业教材,共6册,自2002年开始陆续出版。与国内一般使用中文说明注释、配以英文翻译的通用对外汉语教材不同,这套教材的所有说明、注释全部为英文,因此,更能适应海外汉语学习者的需求。这套教材出版后,被国外数百家大学采用,是在国外使用最广泛、在国外大学中文专业中最有影响力的教材之一。

这套教材的销售量从2004年开始大幅攀升,之后一直维持着稳定上升的势头。以第一册课本(英文注释本)为例,2002年和2003年的发行量分别为5790册和4885册,2004年超过两万册,2008年高达30053册。

许多非英语国家也使用这套教材进行汉语教学。为此,北语社还出版了泰文注释本、俄文注释本和西班牙文注释本,并将版权转让到德国和法国。

2009年,为了配合国家汉办促进汉语国际推广、推出大众普及教材的活动,北语社将这套教材的第一册改编成《新实用汉语课本》(入门级),出版了英文、法文、德文、俄文、西班牙文、阿拉伯文、日文、韩文和泰文共9个语种的版本。

【案例评析】

《新实用汉语课本》之得失经验

王 飙

《新实用汉语课本》成功的原因

充分体现对外汉语教学结构、功能和文化三结合原则

《新实用汉语课本》的成功，首先归因于其自身的编写质量。《新实用汉语课本》集中体现了20世纪90年代对外汉语教学研究的新观念、新方法和新成果，代表着当时中国大陆对外汉语教材编写的最高水平。

20世纪中国大陆对外汉语教材的发展历程经历了三个阶段：50年代到70年代末是以语法为纲的结构法教材阶段；80年代是结构与功能相结合的阶段；90年代是结构、功能和文化三结合的阶段。每个阶段的经典教材都是在总结上一代教材成功的经验与存在的问题后编写出来的。《新实用汉语课本》的主编刘珣教授是80年代结构与功能相结合的经典教材《实用汉语课本》的主要作者之一。90年代他又积极投入结构、功能和文化三结合方法的研究，是三结合原则的倡导者之一。经过充分的理论准备，刘珣等作者将这一原则运用于《新实用汉语课本》的编写,完美地实践了这一原则:第一,课文注重中国社会文化场景的设置,通过主人公有趣的经历,学习者不仅能够学习地道的汉语,还能够了解到中国的社会与文化;第二,突出功能项目的教学,从第一课开始就强调学习者能运用汉语进行交际;第三,重视语音、语法、词汇和话语的教学,强调由易到难、循序渐进、螺旋式上升、不断重现,全书通过四次大循环帮助学习者掌握汉语的语言结构;第四,按汉字本身规律进行汉字教学,从基本笔画、部件和独体字学起,采用先学部件再组成合体字的办法帮助学习者解决汉字难的问题;第五,强调听说读写四项基本技能的综合训练。

参加美国ACTFL书展,与国外汉语教师广泛建立联系

《新实用汉语课本》的成功,也是作者和出版社出色的宣传营销的结果。由于《新实用汉语课本》是为在中国之外的汉语学习者编写的,要想达到针对目标人群的理想宣传效果,时机和场合的选择格外重要。

《新实用汉语课本》出版之初,主编刘珣教授就这套教材参加了一系列的宣传活动。2002年3月,刘教授参加了在加拿大温哥华举办的"《新实用汉语课本》第一册发行新闻发布会暨中加汉语教学座谈会",介绍了这套教材的总体框架和编写思路。7月,在上海举办的"第七届国际汉语教学讨论会"上,以及2003年的英国汉语教学讨论年会和美国ACTFL(全美外国语教学协会)年会上,刘教授都作了《为新世纪编写的〈新实用汉语课本〉》主题报告。从2004年开始,北语社加大了对外拓展的力度,参加了美国的ACTFL书展。认识到各国的汉语教师年会是目标用户最集中的场合,对北语社的意义甚至比法兰克福书展更为重要。之后我们选择重点国家,年年参加其汉语教师年会,与国外汉语教师广泛建立联系,宣传教材。《新实用汉语课本》销量大幅攀升于北语社第一次参加ACTFL书展的2004年,绝不仅仅是时间上的巧合。

国家汉办的推广起到推波助澜的作用

《新实用汉语课本》是国家汉办规划教材。国家汉办从始至终对这套教材给予了极大的扶持。上面所说的在温哥华举办的新闻发布会,就是国家汉办特意主办的。为一本中文教材在西方世界举办新闻发布会,这是极为罕见的,在加拿大引起了不小的轰动,加拿大各主要大学都派出中文教师代表参加了发布会。加拿大不列颠哥伦比亚省省督代表加拿大女王(即英国女王)发来贺信称:"这一振奋人心的课题的完成,反映了加拿大大学对汉语教学、教材的需求","衷心地祝贺这一里程碑式的活动圆满成功"。之后,国家汉办又采购了大批《新实用汉语课本》,赠送给不同国家的众多大学作为样书,对这些学校了解并采用这套教材产生了积极的影响。

巧妙利用原有品牌影响力设计新教材

《新实用汉语课本》的成功,善于并巧妙利用原有品牌也是一个不能忽视的因素。20世纪80年代初商务印书馆出版的《实用汉语课本》是一套结构与功能相结合的经典教材,在世界范围内产生过极大的影响。据国外的调查统计,欧美国家75%的大学使用过这套教材。这套教材先后出版过英文、法文、德文、俄文等注释本,长销不衰。其中英文注释本在20年间重印了17次之多，其英文书名（Practical Chinese Reader）的缩写PCR成为国外中文教学的著名品牌。刘珣教授在设计新教材的时候，充分考虑了这个品牌的影响力，给新教材取名《新实用汉语课本》（New PCR）。课文的内容也是《实用汉语课本》主人公的孩子长大后来到中国的学习与生活情况，使这套全新的教材成为对既有教材的继承与发展。事实证明，当国外用惯了PCR并苦于其内容严重过时的中文教师了解到这套教材是 New PCR 后，大都主动换用了新一代教材。

《新实用汉语课本》在北美遇到的挑战

  《新实用汉语课本》是以英语国家为目标市场的，而北美地区，尤其是美国，无疑是英语国家中的最大市场。但是，《新实用汉语课本》在北美地区一直没有能够重现《实用汉语课本》的辉煌，因为它遇到了一个强劲的对手，先于它出版的《中文听说读写》。

  《中文听说读写》是几个美国中文教师编写的汉语教材，1997年在美国出版，2005年修订再版，2009年出版第3版，是现在美国大学使用最广泛的汉语教材。经过我们的认真比较，这套教材在语法项目的编排、课文语言的组织、版式插图的制作等评判教材质量的关键要素上，水平都明显在《新实用汉语课本》之下。但是相比于《实用汉语课本》昔日美国大学第一中文教材的地位，《新实用汉语课本》一直居于《中文听说读写》的下风，分析其中原因，对于国内出版社开发海外中文教材市场，是不无裨益的。

被对手先入为主,丧失进入北美市场的最佳时机

《中文听说读写》的成功,首先在于其出版的时机。对于母语是印欧语系语言的欧美人来说,汉语是非常难学的。美国国防学院根据多年的教学经验和研究结果,把汉语和日语、朝鲜语、阿拉伯语等归为最难学的"第四类语言",认为培养第四类语言听说能力的难度是如西班牙语、法语、德语等第一类语言的2.5到3倍。因此,长期以来,美国大学里学中文的学生并不多。根据1990年的统计,全美国学习中文的大学生不到20000人。市场这么小,可供选择的汉语教材自然非常有限。到了上世纪90年代,随着中国经济的发展和国力的强盛,学中文的人已经明显增加。而编于80年代初的《实用汉语课本》内容已经严重过时,教材不能满足教学需求的问题十分尖锐。《中文听说读写》出版于1997年,课文全部反映的是当时新的社会生活内容。加之又是美国本土教师所编,内容比较适合美国的汉语学习者,对于当时的美国中文教学界如同一场及时雨。而《新实用汉语课本》出版于2002年,此时《中文听说读写》早已先入为主,站稳脚跟了。

基于网络的教学共享起步较晚

《中文听说读写》的成功,基于网络的教学服务发挥了至关重要的作用。这套教材出版后,在不同大学任教的几位作者为了备课方便,在夏威夷大学的网站上建了一个论坛,各自把自己准备的材料放上去,让使用这套教材的老师共享。这一做法受到了使用者的极大欢迎,吸引了很多使用者也把自己的备课材料放进去共享,交流心得。随着资料越来越多,这个论坛发挥了原先意想不到的教学服务的作用,吸引着越来多的学校使用这套教材。而上世纪90年代互联网在中国才刚刚兴起，我们根本还没有通过网络提供教学服务的意识。

营销与服务的种类较为单一

《中文听说读写》的成功，也得力于其在美国本土近水楼台的营销与服务。这套教材是由美国 Cheng & Tsui 出版社出版的，在广告、营销、发货、服务等方面，比中国出版社方便得多。比如，ACTFL年会是美国外语教师每年规模最大的盛会，每年都有数千名外语教师和数百家教育出版商参会，是宣传外语教材的最佳时机。2004年，ACTFL年会已经举办到第38届，北语社才参加其书展，这还是中国大陆出版社第一次参展，而 Cheng & Tsui 出版社自1979年建社起年年参加。而且，在美国北语社每年只参加ACTFL年会书展，而 Cheng & Tsui 出版社除此之外，还参加很多类似的活动。

适时的修订未能及时跟上

《中文听说读写》的成功，与其作者和出版社的适时修订也有很大的关系。美国很多大学规定，一种教材使用了5年后，如果还没有修订，就必须换用其他教材代替。《中文听说读写》目前已经修订了两次，第一版是单色印刷，第二版是双色印刷，第三版已经是四色印刷。不仅仅是形式，两次修订，作者都根据社会生活的发展变化适当修改了课文的内容，使教材能跟上时代的发展。而《新实用汉语课本》自2002年出版以来，一直未作修订，虽然是双色印刷，版式、插图比第一版《中文听说读写》好很多，但是同其第三版相比已经毫无优势了。至于内容的老化、过时,更使我们相形见绌。而我们对美国大学教材时限要求的不了解,也让我们失去了很多用户。

由于美国的大国地位,美国的取向往往对其他国家产生很大的影响,尤其是其邻国加拿大。此外,由于很多国际学校的中学生要上美国的大学,《中文听说读写》也成为很多国际学校中文教材的首选。这些情况,都对《新实用汉语课本》形成了严峻的挑战。

对汉语教材本土化的一点思考

以2005年第一届世界汉语大会的召开和"汉语国际推广"口号的提出为标志,国际上的汉语教学进入一个新的历史阶段。如果说,之前的对外汉语教学更多的是由各类学校为主体推动的渐进式发展,汉语国际推广则是中国大陆政府机构主导推动的跃进式发展,是提升我国软实力的一种有效方式。推动对外汉语教材的国别化、本土化,也成为汉语国际推广的一个重要内容。

《中文听说读写》是彻底的美国本土化教材——美国中文教师编写,美国出版社出版、宣传、发行、服务。为了迎合美国学生,连课文的场景都设计成美国的。不可否认,这种彻底的本土化教材的繁荣,既是汉语国际推广的成果,又反过来助推着汉语的国际传播。但是,它们也造成了两个背离我们的汉语国际推广宗旨的问题。

第一是教材内容倾向性的问题。语言与文化是密不可分的,在编写汉语教材的时候,必然要涉及或讲授中国文化和国情。中国的教师编写教材,在客观介绍的前提下,都很注意内容的倾向性。我们不回避中外之间的文化和价值观差异，不粉饰中国存在的不尽如人意的社会问题，但是更注重介绍中国社会积极的方面，注重消解因中外文化和价值观差异造成的隔膜和矛盾，注重引导外国学生的跨文化理解。但国外编写出版的汉语教材，有的作者无心、有的作者则故意选择反映中国文化或国情中消极、落后或者阴暗的方面加以介绍，讨论练习中也有意无意地暗示、启发学生对中国社会文化和意识形态形成错误的判断，进行片面的批评，阻碍了学生对中国的跨文化理解。

第二是教材课文背景国别的问题，主要存在于初级汉语教材中。外语教学的最终目的是培养学生使用所学语言进行交际的能力。目前汉语还远未具备英语那样的国际型语言地位。汉语热的真正原因，是中国经济的持续蓬勃发展给世界带来的商业机会、就业机会，以及国际上对21世纪中国发展前景的理性预期。换言之，绝大多数外国人学汉语，是为了来中国使用汉语，或者与中国人（包括海外华人）用汉语交际。因此，初级汉语教材必须教授尽可能接近真实的日常实用汉语，才能使学生（包括在中国之外学习汉语的学生）掌握地道的交际汉语。为了迎合学生，将课文背景设计为本国，这是一种短视的观念，是不利于学生掌握汉语的。以《中文听说读写》为例，我们无法设想其课文中的一些在美国使用汉语的场景：在商店用汉语跟金发碧眼的售货员购物、在机场用汉语跟柜台服务员交流、美国房东用汉语向中国留学生介绍房子。因为美国的第一运动是橄榄球，为了迎合美国学生的兴趣，同时又要教"足球"这个常用词，课文不说"橄榄球"，只说"足球"和"美式足球"，这就更谈不上教的是真实的汉语了。

因此，彻底的本土化教材，无论从政治角度还是从教学角度来看，都不值得国内汉语国际推广的高层决策者和对外汉语教学界为其繁荣而欢欣鼓舞、甚至推波助澜。相反，我们应该在对外汉语教材国别化、本土化的过程中，发挥主导作用，了解国外汉语教学需求与特点，钻研对策，编写教材，既有效地教授汉语，又积极地沟通中外，促进外国学生对中国社会的跨文化理解。

与彻底的本土化教材相反，《新实用汉语课本》是面向英语国家的通用型教材。中国老师编写，在中国出版，课文的场景都在中国。从市场占有率和对教材的教学反馈来看，我们认为，国内编写出版的汉语教材的国别化、本土化，不仅内容要适应国外汉语教学的需求和特点，宣传、发行和服务的本土化也同等重要。

尽管《新实用汉语课本》并非完美，但是，销量表明，它是目前全球范围内深受欢迎的一套大学汉语教材。根据调查，在澳大利亚，排名前八的大学有六所正在使用这套教材。在欧洲，这套教材同样备受欢迎。即使在美国、加拿大销量低于《中文听说读写》，也仍然被很多学校采用。我们收集到的教学反馈表明，尽管这套教材在教学周期和难度上不尽适合一些国家的需求，但是没有教师反映其内容有什么不服水土的地方，而语言点设置的严谨合理却是有口皆碑。这使我们坚信，同彻底的本土化汉语教材相比，国内主导的国别化教材，甚至是通用型教材，如果是在充分调研国外汉语教学需求与特点的基础上有针对性地编写出来的，只要设法在目标市场布置足够的人力物力进行充分有效的营销宣传，建立仓储、提前备货以保证快速的发行供应，辅以比国外出版社专业水平更高的教学服务，一定可以在国外汉语教学中扮演主角。

海外拓展《新实用汉语课本》的对策与前景

经过21世纪的第一个十年，我们国家从一个发展中大国正在成长为世界强国。现在，无论是中外之间的信息沟通还是人员交流，都已经非常的频繁通畅，而国内出版社的科技水平和经济实力与发达国家之间的差距也越来越小。可以说，对于像北语社这样的外向型出版社而言，在国外建分社、抓信息、设仓储、促发行，以本土化营销拓展海外业务，条件已经具备。这不仅是拓展海外业务的主观愿望，也是海外市场逼迫下的客观要求。目前，北语社正在采取一系列战略措施，积极准备在北美设立分社。《新实用汉语课本》作为北语社的外向型拳头产品，其产品的开发与营销是这一行动的重要组成部分。

首先，《新实用汉语课本》的修订工作正在紧锣密鼓地进行，将在2010年全部完成。这个修订工作只是对内容技术性的小修小补和版式插图的重新设计。与此同时，在充分调研的基础上，由《新实用汉语课本》的主编刘珣教授组织既富于编教才华、又熟悉国外教学的优秀教师，同时编写《精编实用汉语课本》。这套教材不仅将在编写水平上超越《新实用汉语课本》，而且更适合国外的教学需求和特点，同时内容更贴近时代。新教材将于2011年问世。

其次，由于美国不仅拥有巨大的市场，而且对欧美的汉语教学具有风向标的作用。北语社将依托在美国建立的分社或类似的实体，充分有效地展开新教材的营销宣传和教学服务，实现营销与服务的美国本土化；出版社将组织作者和其他优秀教师，为教材提供完备的备课材料，供使用者免费选用；同时，出版社将开发根据课文拍摄的教学录像和多媒体教学材料,既延伸产品线,又助推教材的普及。

  第三,北语社挑选的《精编实用汉语课本》的作者,都是年富力强、经验丰富的优秀教师。北语社已经与之达成长期约定,将长年提供包括出国巡讲在内的教学服务,并根据教学反馈和社会发展,每5年进行一次集中的教材修订和品牌维护。这样,可以保证《精编实用汉语课本》至少20年的旺盛生命力。

  我们相信,由《实用汉语课本》、《新实用汉语课本》和《精编实用汉语课本》构成的教材系列,将会成为汉语教材品牌塑造的典范。最优秀、最畅销的汉语教材由中国教师编写、中国出版社出版,这才与中国作为世界强国的地位相称。

王飙:北京语言大学出版社副总编辑。

案例十四：《一游记》

作　　品：《一游记》
作　　者：法碧安、江苏电子音像出版社
出 版 社：江苏电子音像出版社
出版时间：2005年
出版文版：英文、法文、德文

【案例概述】

《一游记》是"十五"国家重点电子出版物规划项目及中法文化年交流项目，2005年11月出版，是由江苏凤凰出版传媒集团与法国作家协会共同投资、江苏电子音像出版社和法国巴黎第八大学的法碧安博士共同创作、江苏电子音像出版社制作、并在中国境内进行复制和包装的法语多媒体光盘。

《一游记》创意独特，集故事、游戏和学习为一身，按照欧洲人的思维方式，帮助欧洲儿童学习汉字和中国文化。作品借助象形文字和一系列趣味故事和游戏活动，使读者初步了解博大精深的中国文化和源远流长的中国历史，提高读者学习中国文化的兴趣。而光盘对中国象形汉字的书写、形状、意义三者密切关系的诠释，也让读者发现汉字所包蕴的另一种思维方式。

《一游记》在法国本土创下了一年近万套的销售业绩，还在国内外赢得众多荣誉：2006年在法国获得第五届"阿德露斯青少年多媒体奖"、人民教育协会颁发的"评委特别奖"；2006年在中国获首届"中华优秀出版物奖"，2007年获第二届中国数字出版博览会"优秀作品奖"、首届"中国出版政府奖"提名奖。

目前，其英文版、德文版也已制作完成，即将进入北美和德国市场，与俄罗斯、英国、韩国和日本等出版公司的洽谈正在进行中。

【案例评析】

求同存异　铸就精品

王左银

可爱的小"一"一朝出世，一飞冲天，自从他于2005年底诞生起，欧洲的孩子们就喜爱上了他，如同当年日本的小和尚"一休"在中国。

《一游记》的成功预示着我社在对外合作交流和版权贸易方面创造了一条中国文化产品"走出去"的成功之路——将单纯的版权引进输出发展到与国外共同投资策划选题，共同出版、开发市场。

回顾《一游记》开发历程，我们觉得有以下几个方面值得与大家分享。

敏锐捕捉机会，针对法国市场明确定位

从《一游记》项目策划开始，我们就把目光瞄准了法国市场。因为，据我们了解，当时的法国政府对中国文化非常热爱，且2003年是中法文化交流年。法国政府各有关部门对中法文化合作表现出浓厚的兴趣，认为这是数字化时代实现跨国文化交流的有益尝试，对开拓法国青少年的

视野有积极作用。而且，法国政府对涉及两国文化合作的项目有一系列鼓励政策。同时，法国东部将有1500所中小学将汉语列入第二外语，而此前在法国市场上，有限的儿童汉语读物和光盘基本上是台湾出版的。

正所谓"机会总是让给那些有准备的人"。

2002年11月，中国出版工作者协会组团参加"莫比斯"（Mobus）国际多媒体光盘大奖赛回顾展，其间，国际"莫比斯"阿斯玛赫主席与中国版协谢明清主席就多媒体出版实现跨国合作达成共识。随后，巴黎第八大学多媒体研究所法碧安（Fabienne）博士在会议上提出共同开发旨在帮助欧洲儿童学习汉字和中国文化光盘的设想。

此信息由中国版协向几家出版社通报。我们得到此信息后，敏锐地看到了它的重大意义。于是，我们决定抓住法国人热爱中国文化、法国政府力图推广汉语这一契机，向法国"出口"中国文化产品。为此，我们立即组织了项目小组来商讨对策。项目组由经验丰富的策划编辑、美术设计和程序员共5人组成。我们首先从各自分工的角度提出设计思路，然后再整合在一起。为了尽可能让法国认可我们的方案，我们找来在法国畅销的相关作品《艾伯特叔叔》等进行分析、研究。最后，方案初步设想以中国经典的4个神话为基础，结合动画形式向外国人介绍80个中国汉字和中国文化。这4个神话是天狗食月、后羿射日、女娲补天、炎帝世界。方案由中国版协转给法方。很快，法方有了回应。至此，对中国文化的热爱像一根纽带将中法双方联结在一起。

力求创新，以水墨画风格体现中国艺术魅力

《一游记》项目是中法两国在电子出版领域首次深层次的合作，双方都很看重这次不同寻常的合作。为了做出满意的作品，中法两国工作者为此付出了艰辛的劳动。双方借助国际互联网和长途电话，进行了数以千计的数据交换和信息沟通。作者法碧安博士曾7次来华，与我们的工作组人员同吃同住，一起工作。江苏电子音像出版社《一游记》工作小组更是夜以继日地工作，从脚本编辑、动画制作、程序设计、包装设计到后期生产每个环节都认真对待，反复认证，精心制作。

首先，我们在光盘的内容上进行了认真的调研。我们先后找到了江苏少儿出版社、南京师范大学新闻系、国家汉语国际推广领导小组办公室等单位或部门，向他们征集意见或参考资料，并聘请国内知名儿童作家、法国著名的汉学家等人共同参与策划，充分考虑法国读者对中国文化的了解程度，最后把故事内容定为法国儿童熟悉的中国古代神话；在所要学习的汉字选择上，我们选用了80个极具表现力和想象力的中国象形汉字，以体现中国文化的源远流长。

其次，在艺术表现风格上，我们采用了与光盘内容相吻合的水墨画风格。所有场景和角色都采用手绘方式，以体现中国艺术的魅力。同时这种水墨画效果也是法国读者最为欣赏的，而纯粹的电脑动画他们会认为没有文化底蕴。

其三，在程序开发上，我们遵循模块化原则，开发了大量自定函数，以方便今后多种语言版本的开发；同时还开发了很多满足读者个性需要的功能，如光盘特有的存盘系统，使用户在学习中可随时存盘。

其四，也是最重要的，双方在作品中力求处处体现创新。如在故事中，当主人公小"一"遇到汉字"虫"时，作品设计成电脑屏幕上会飞的虫，经过鼠标"手"拖动会变成一个汉字"虫"；把汉字"虫"再放回场景中，"虫"字又变成会飞的虫了。如此变换，建立起汉字与实物之间的联想。同时，作品中角色"青蛙"肚子饿时，也要喂它"虫子"，青蛙才能为主人做事。诸如此类的创意，会极大地引起小读者学习汉字、学习中国文化的兴趣。

其五，在包装设计上，既美观、新颖、富有创意又极具中国文化特色。外包装盒采用过釉、击凸等印刷工艺；日记本封面采用上等绸纸裱制而成，内芯材料选用蒙肯纸，内芯折页全部由手工精心制作而成。

功夫不负有心人。经过三年多的艰苦努力和无数次编辑、制作、修改，《一游记》终于圆满完成，并在欧洲市场上创造了良好的销售业绩。正如法国第五届"阿德露斯青少年多媒体奖"对《一游记》的评语，"这是法国和中国作者在电脑之上精诚合作的结晶"。现在《一游记》的英文版和德文版即将进入北美和德国市场，还有一些外国公司正积极与江苏电子音像出版社洽谈进入俄罗斯、英国、韩国和日本市场的合同。

在不同文化的碰撞中克服分歧，相互融合

由于《一游记》项目是在中法两国不同文化背景下的合作，随着项目的深入进行，双方分歧不断出现：

一是双方的创作思路。就拿"龙"的图像设计来说，中方认为龙是中国人心目中的图腾象征，应该是威风凛凛、森然可畏的；而法方则认

为毕竟谁也没有见过真龙，欧洲人更习惯类似恐龙的造型。如果我们按照我们的设计思路，恐怕欧洲人看了会很不舒服。一个小小的"龙"的图像设计，双方各持己见，最后采取了折衷的办法，于是，一个虬髯鹿角（中国式的）、大腹便便（法国式的）、憨厚笨拙的龙出现了。

双方在合作中碰撞最多的是不同的思维方式。中国文化内涵深远、严谨，理性色彩较重；而法国文化的感性色彩浓，艺术的完美是他们追求的目标。比如，双方一开始就在色彩的采用上发生分歧。我们习惯于用电脑生成的颜色，因为在潜意识里，我们认为颜色仅仅是一种形式。但就是这种形式，法国人却非要尽善尽美。他们强烈要求手绘，达到水墨画的效果。手绘的工作量比电脑生成的颜色要大上两倍。但是，当手绘的效果图样出来之后，连我们都感到吃惊：界面错落有致，层次分明，丰富多彩，生动活泼，这是电脑生成的颜色所不能达到的。

再如，我们当初只给《一游记》安排了一个主角，就是小男孩小"·"，然后将象形字拟人化，在片中穿插出现。这一思路被法国人否定，他们认为拟人化后的象形字没有提供多少感性认识，过于抽象。他们利用孩子们喜欢小动物的天性，借用了不少小动物作"配角"，如青蛙、小虫子、乌龟、小松鼠、蛇，等等，这大大增强了可看性，使故事更加生动，易于被接受。

二是双方的工作方式。严谨的中国人习惯严格按照双方议定的工作脚本，一丝不苟地进行操作；想象力丰富的法国人却在制作过程不断地"添油加醋"，提出了许多非常规性的要求。举个小例子，开始时，我们将所有的场景都设置成白天，但法国人却非要加上晚上。他们觉得这样才更真实，更生动。但这样一变，程序要复杂得多。再举一例，小动物的表情也是法国人关注的，单单一个青蛙，他们就要求设计10种表情，高兴、饥饿、生气、睡觉、讲话、跳跃、转身等，尽可能地让小动物变活。以前，我们的配音只需要一男一女，可法国人不认可，他们要求必须根据角色、场景来实施配音。

他们丰富的想象力，害得制作好的程序多次返工，让中国方面恼火不已，一度闹到几乎相互告状的地步，最终双方在中法文化交流的大背景下互相让步。然而，我们不得不承认，法国人的思维方式确实为整个片子更加丰富生动增添了必要的色彩。

三是双方的利益冲突。友好毕竟不能排除双方的利益追求，讨价还价看来是不同国家、所有民族共同的习惯。不断的修改，使我们的制作成本大大增加，我们为此与法方进行了无数次争吵，当然争吵的结果是各自妥协。《一游记》问世后的良好结果，以双赢的结局获得双方的谅解和互贺。

就这样，中法双方本着真诚合作的愿望，不断磨合，相互包容，最后创造出了小"一"，一个可爱的孩子，一个小精灵。

在合作中争取主动，实现对知识产权的掌控

《一游记》的创作实践没有简单沿袭"中国作品——翻译——搬到海外市场"的套路，而是采取"共同投资——中方提供元素——对方作者撰稿——中方组织技术实现和生产——双方共同出版、发行"的方式，针对欧洲读者的胃口，烹饪出一盘中西合璧的大菜，避免了中国文化产品在海外市场水土不服的弊端。

最初，由于对国外光盘市场无法预计，我们的想法是：不承担经济风险，即我方不投入资金，只负责光盘的开发、包装、生产等具体任务。

但在实施的过程中，主要的问题开始暴露出来。按照双方最初的约定，脚本和设计的形象由我方来完成。我们组织了中国知名的儿童作家和画家来编写脚本和进行形象设计。没想到我方的脚本和形象设计却让法方不能接受，法方认为我方的思维方式是典型的中国式学习方式，无法让法国儿童理解和接受。这使我们意识到中西文化的差异化，意识到市场的认可才是检验作品成败的主要标准。

问题产生后，法方希望改由法方作者编写脚本和形象设计。应该说，这是一个好办法。但对我们而言，最大的风险是如果由法方作者编写脚本和形象设计，那么我们将完全失去对核心知识产权的控制，充其量只能以收取对方加工费用、单纯技术制作来参与合作。整个项目有可能完全被对方操控，我社在合作中将处于十分被动的境地。

这样的情况逼迫我社重新考虑与法方合作的方式。在对该产品制作成本和市场前景等进行认真分析后，我社果断决定放弃一次性的加工收入，以出版投资者的身份参与合作，以保证合作的主动权和对作品内容的监控权，更希望产品在国际市场销售后，取得更多的经济效益。

在这关键时刻，凤凰出版传媒集团全力支持我社的这一决策，并把《一游记》项目列入集团重点，在资源配置和资金调度方面予以大力扶持，解除了我社的后顾之忧。

2004年8月，法碧安博士与法国作家协会负责人菲利浦先生再次来到南京，双方正式签订合同。合同决定这次合作由双方共同策划和投资，法方完成脚本编写，中方完成全部制作及后期生产，法国米里斯

（Mindscape）公司负责发行，法国国家地理杂志（GEO）提供赞助。

共同投资，共同出版发行，改变了以往不投资、只负责制作的合作方式，使我们既拥有知识产权，又可以借用对方的销售渠道，打开国外市场，一举两得。这样虽然增加了投入，研发周期也是国内同类产品的两倍，但适销对路，能打开海外读者市场，收效事半功倍。

实践使我们体会到：知识产权至关重要，没有知识产权的合作只徒有其表，没有多大意义；另外，打开国外市场，千万不能不分青红皂白地将国内产品翻译之后就搬到国外，这只是简单的"搬出去"，不是真正的"走出去"。真正的"走出去"一定要顺着外国人的思维方式，用外国人的视角来看待，充分考虑当地的审美情趣、风俗习惯等，这样才能增强产品的包容性和亲和力，才能让对方接受和理解，才能打开创作和消费市场。

《一游记》作品打入欧洲市场后，取得了良好的市场效应，赢得了欧洲读者的认同，这不仅对传播中国文化起到了积极的推广作用，而且探索出一条颇有成效的"走出去"之路。

王左银：凤凰出版传媒集团江苏电子音像出版社策划部主任。

惟有童心无界
——浅析《一游记》走进欧洲

谢小朋

多媒体光盘《一游记》完成之后，乍看不禁莞尔：传统中国的人物造型、西方口味的动作设计、跨越时空的故事情节，还有数以百计带有中国古代神话元素却散发着洋味的游戏片断，硬是拼接成80余个汉字电脑学习读物，真是太有想象力了！与国内同类产品相比，既不是传统的文化定式，又不是严谨的助学读物，真不知道教育专家会给《一游记》打几分。

按照光盘的程序提示，且作电脑游戏玩下去：其貌不扬、古代农家子弟装束的"一"受玉兔的重托，怀揣天书从月亮降落地球，拯救世界。在青蛙和乌龟的帮助下，凭借中国文化知识一路过关、上天下海，遭遇洪荒世界、后羿射日、女娲补天、神笔马良、南极仙翁，还有熊猫、凤凰、神龙、小鹿、蚂蚱、苍蝇、水蛇等大小动物从中帮忙或捣乱，加上宫门、岩洞、迷宫、火山、脸谱、激流、宝箱等重重难关，而逢凶化吉的敲门砖则是对应场景的汉字。随着月桂树上的学习成果愈挂愈多，终于赶跑了祸害世界的天狼，恢复了天上秩序，人间普降甘霖（注：这里天庭的主人是东海老龙王而不是玉皇大帝，也许前者怪异的造型更受欧洲人的青睐）。引人入胜的情节，甭说儿童，成年人也会入迷。不知不觉，80个汉字的结构、笔划、发音乃至象形文字的演变过程，基本清楚了。当然，即使有一定中国文化知识的法国成年人，游戏完一张光盘也要一整天，好在光盘还提供了电子标签并附送中式折页笔记本，小读者可以从容不迫地学习。

难怪光盘的法文全称叫《"一"在天地魔界的冒险经历》，翻译成中文实在拗口，于是法方接受江苏电子音像出版社的要求，将中文名改成《一游记》，而他们还是习惯称之为《"一"之旅行》。光盘的本意是通过人类共同喜闻乐见的探险生活，诱发孩子对中国文化的兴趣，当然无法与《西游记》的效果相比。众所周知，对从小在26个字母（英、德、法）环境中长大的欧美儿童来说，3500个常用汉字，完全不同的笔划发音，不啻是学习汉语的巨大心理障碍。之所以推出名字为"一"这个笔划最简单的中国儿童作为学习向导，加上看似光怪陆离的情节，无疑是要向购买者发出这样的信号：不要畏难，汉字不仅好学，而且好玩！至于该光盘究竟是应该划归游戏还是教辅读物，用法国投资方的话是：锁定6至10岁年龄段的读者群，并非强求他们一定要将中文作为第二外语，只要在童年的记忆中留下对汉字的兴趣和汉文化的印象，哪怕是他们70岁以后再学汉语，这张光盘也算达到目的了。很有远见的投资者！

当然，新奇感不等于瞎编，中法两国创作人员为此付出了三年的艰辛劳动：以著名儿童文学作家、时任江苏少儿出版社社长祁智先生编写的12个中国童话故事为素材，巴黎第8大学博士法碧安女士在法国小学开设中国文化课，尔后从中选择最受欢迎的部分；广泛吸收其他中国元素，由资深汉学家编写出脚本；再让双方编创人员合作，一招一式地设计各环节。而为了准确表现这些中国元素，可苦了江苏电子音像出版社的技术人员：放弃早已熟练的电脑绘画，改用水墨丹青的手绘方式；软件编程虽不能与著名游戏大片相比，其难度远远超出一般益智类游戏；人物场景必须是法国学者认同的中国风格，不允许出现他们嗤之以鼻的"迪士尼"痕迹！最头痛的还是法方不断传来"从实践中来又到实践中去"的心得，迫使中方不得不一次又一次将完成品推倒重来。

一丝不苟的努力终将带来可喜的回报：法国本土一年近万套的销售业绩，零售价30欧元，相当于同时期在中国大陆销售的欧美游戏光盘定价的10倍。

更重要的是，《一游记》的成功，为今后文化产品"走出去"提供了有益的借鉴，譬如：

"走出去"必须兼顾包容性，充分考虑对象国的审美情趣，注重产品的亲和力。必要时根据对方的市场特点度身定作，不能把文化产品"走出去"变成简单的"搬出去"。

"走出去"必须坚持差异性，越是民族的东西越有普遍性，从而加大产品的吸引力。习以为常的中国风俗文化哪些在国外有市场，需要艰苦的调研积累，最好能与所在国的学者合作，不能想当然。

作为"走出去"的儿童产品，尤其要尊重儿童的天性。这一点，在与法国同行的合作中感觉颇深。什么叫寓教于乐？什么叫深入浅出？什么叫童心未泯？相比之下，国内同类助学产品在克服小大人的面孔之后，很多还停留在玩+学的水准上，缺少必要的文化内涵，要么一本正经，要么嘻嘻哈哈，缺乏对儿童心理的琢磨。童心，是需要作者耐心体验的。

其实，上述看法不过是出版的基本规律——市场导向引导产品，这句经常挂在嘴边的老话，在中外合作交流的碰撞中，更加清晰罢了。

除了产品本身，《一游记》的成功，还得益于当时中法两国文化交流的大环境。2003年至2004年正是中法文化年，时任法国总统的希拉克先生，本人就是一个中国青铜器史专家，且非常喜欢中国古代诗人李白和杜甫，尤其对浪漫主义诗人李白有着特殊的感情。他说自己最大的心愿，就是完成一部关于李白的电影剧本。也许受其影响，法国政府相关部门给予《一游记》不少帮助。中法两国出版界的关注和支持，成为《一游记》进入法国市场的难得机遇。希望这样的机遇能继续出现，推动两国由多年的文化交流发展为长期的文化贸易。

儿时的记忆中，上世纪50年代中法合拍的电影《风筝》，不仅是当时不多见的彩色儿童片，且影片超越时空的情节极大地满足了我的好奇心。印象最深的是一对法国小兄妹，在梦中跟着武生扮相的孙悟空游历北京。也许今天《一游记》的小读者中，能够产生明天中法文化交流的领军人物。

惟有童心无界。

谢小朋：中国出版工作者协会常务理事，江苏省出版工作者协会副秘书长。

案例十五：《坐着火车去西藏》

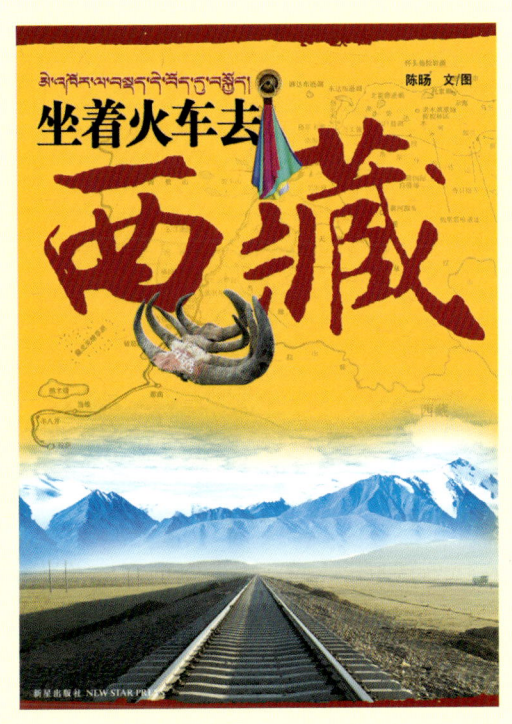

书　　名：《坐着火车去西藏》
作　　者：陈旸
出 版 社：新星出版社
出版日期：2006年
出版文版：中文简体、中文繁体、韩文、英文

【案例概述】

《坐着火车去西藏》是新星出版社2006年借西藏铁路全线通车之际推出的。本书集旅游指南和介绍藏地文化于一体，是第一本介绍如何坐着火车去西藏旅游的图书。作者曾十余次驾车穿过青藏高原，对这一地区的地理、人文、食宿等诸多方面有着丰富的经验和体会。作者的这一经历使本书在介绍火车沿途独特的高原景观时，既提供了极强的实用性，又展示出充分的人文性。出版社在选题策划和运作中，准确把握先机，抢占市场主动；积极调动各种社会资源；充分考虑读者需求；在各个环节充分运用市场化手段达到外宣效果最大化。该书甫一出版即在市场引起热烈反响，当月重印4次，销量达5万余册。在境外也立即引起出版界的关注和青睐，香港、韩国等地区和国家的出版商在第一时间购买了本书的版权。截至2009年底，本书已经出售了韩文、英文、中文繁体字等版权。

【案例评析】

浅谈外宣图书的市场化运作

于九涛

外宣图书的市场化运作是近年来党和国家相关部门非常重视、一线外宣从业人员经常研讨的问题，也是新形势下对外宣图书出版工作提出的更新、更高的要求。长期以来体制上的制约和认识理念上的先天不足，使得外宣图书的市场化程度远远落后于同行业平均发展水平。笔者以《坐着火车去西藏》一书为例，尝试着探讨外宣图书市场化的几个问题。

前瞻性决定选题的优劣

从经济学角度来看，所谓市场化最关键的环节是谁能把握市场先机，就是要有前瞻性。对于外宣选题而言，既要时刻关注当下的国内、国际形势，同时又要对未来的国内、国际潜在的热点问题进行准确把脉。特别是对于图书出版而言，不像电视、广播、网络、报纸、杂志等媒体那样即时快捷，其出版周期较长，内容要求较高，这就要求外宣选题的策划要更具前瞻性。

西藏铁路正式全线通车是在2006年7月1日，铁道部相关部门早在一年前，即2005年7月就披露了这一消息。但那时关注的媒体很少，只有少数几家媒体发布了消息，也没有深入的报道。笔者听到这一消息时，立刻查阅相关方面的资料，并在当时预判出西藏铁路全线通车将成为2006年的重大事件。因为无论是其被称为"第三极"的地理位置，还是独特的藏地文化，西藏一直都是世界的关注点。并且关于修建西藏铁路，自提出设想以来国内国外一直争议不断，处于舆论的风口。所以，西藏铁路一旦建成通车，将是西藏历史上的里程碑事件，必将成为海内外媒体和世界民众关注的焦点。同时，这也是向世界宣传、介绍西藏几十年来巨大发展变化的最好时机。因为对于大多数人来说，西藏游一直都是一个无法实现的美好梦想。

以往通向西藏的方式只有两种，一是坐汽车，二是乘飞机。汽车长途颠簸，路况复杂，加之高原反应，不是旅游发烧友，很少能吃得下这份苦；飞机出行成本高，更遗憾的是无法领略沿途的藏地之美。所以，坐上既舒适又安全的火车，飞驰在雪域高原，领略藏地风光，应该是所有中国人或者说是地球人的梦想。梦想就是市场，于是本社决定策划一本集旅游指南和介绍藏地文化于一体的图书，书名就叫《坐着火车去西藏》。

事实证明，我们对于国人心理的把脉是非常准确的。2006年7月1日西藏铁路正式通车之前，关于"坐着火车去西藏"的话题已经被媒体和民众炒得火热。《坐着火车去西藏》一书随着西藏铁路正式通车上市，首印一万册三天脱销。当月连续再版四次，各大书城排行榜上有名。并且，香港、韩国的出版社几乎是在出版的当月就购买了该书的版权，应该说在外宣图书版权输出方面创造了速度奇迹。

分析《坐着火车去西藏》一书成功的原因，非常关键的一点就是选题策划的前瞻性。时间决定了一个选题的优劣，如果在其他媒体还没有发现的时候，我们已经完成了选题策划和内容制作，那么必然会占领市场先机。如果我们不是提前一年时间准备，而是在西藏铁路通车前一个月动手，这时全国的媒体几乎是在铺天盖地地宣传报道这件事，作为图书出版来说，难度就非常大了。当时广州某家出版社也急就章，在通车十余天后出版了一本关于坐着火车去西藏旅游的图书，但其文字内容和图片质量都无法与《坐着火车去西藏》一书相比，市场表现自然也就平平。

以市场化手段整合社会优质资源

传统意义上的外宣图书基本上是以党和政府相关部门为主导，配合国家政策，向世界解释、说明中国情况的，这类图书的代表性作品就是各种政府白皮书。这是我国外宣图书的重要组成部分，笔者习惯上把这类图书称之为"硬外宣品"。这类外宣品基本上是根据政府权威部门发布的统计数据和材料为依据制作而成，其市场因素及社会资源参与程度相对不高。但是，对于社科文化、艺术类外宣品而言，必须以市场手段来整合社会优质资源，才能打造出精品，笔者习惯上把这类图书称之为"软外宣品"。

"闭门造车"是无法成就一本优秀的外宣图书的，特别是这种集藏地文化、历史、旅游指南等为一体的综合性图书，一定是整合社会上多方面的资源，由几个或多个机构共同参与打造的结果。《坐着火车去西藏》一书从作者遴选、采访路线安排、资讯的提供、内容供稿等方面均有社会多方力量的参与。

在作者遴选方面，我们颇费心思。此人既要经常出入藏地，有丰富的实地考察的经验；还要对藏地文化有深入的了解；更重要的一点是对藏地要有感情。在众多的藏地旅行家中，我们选中了陈旸女士。陈旸虽然是位年轻的女士，但已经是国内知名的旅行家，也是中国第一批户外探险俱乐部的创始人，多年来一直以各种方式穿越藏地。在业内颇为称道的是，她曾经组织团队骑自行车沿青藏线到达拉萨。所以，在众多男性为主体的藏地"驴友"中，陈旸作为一位女性显得更为杰出。另外，从媒体的关注度和社会民众习惯而言，年轻的女旅行家自然会成为热门话题，这对于图书后期的宣传、炒作、推广都有非常便利的条件。事实证明，图书出版后作者陈旸不但受到媒体和业界的广泛关注，频频现身于各旅行类媒体，而且其身价也水涨船高，成为《中国国家地理》杂志签约作者。香港、台湾地区的出版商也通过本社与其约稿，她一跃成为两岸三地炙手可热的作家。

《坐着火车去西藏》一书内容写作过程中最大的难题，是作者必须亲自乘坐火车沿青藏铁路采访第一手的资料。但在2005年7月，铁路还在建设当中，只有部分修好的路段通了货车，只为青藏铁路建设运送物资，普通旅客根本无法换乘火车。本社想方设法与铁道部建立联系，取得铁道部相关部门的大力支持。这样作者陈旸得以在雪季来临之前换乘青藏铁路货运列车沿途采访，掌握大量的第一手资料，为后来坐着火车去西藏的旅客积累了宝贵的指导意见。

案例十五：《坐着火车去西藏》

《坐着火车去西藏》是一本综合性的旅游文化图书。书里涉及到藏地文化、经济建设、人民生活、风物人情等诸多方面，加之藏地幅员辽阔，搜集资料工作的任务非常重。为了真实、准确地反映西藏在建国后几十年的发展变化，本社与西藏自治区外宣办及那曲等地方政府建立了合作关系。自治区外宣办和各地方政府给予作者大力支持，使写作进程大大加快，内容质量也有了切实的保证。

另外，西藏旅游部门及北京几家旅行社也对作者藏地采访提供了许多支持。

值得一提的是，以上这些政府部门对本社的支持，都不是以官方行政命令的方式实现的，而完全是依靠市场手段的调节使各个方面的力量集中到一起。市场是以利益为基本动力的。通常我们一提到利益基本上理解为经济利益，其实在市场环节中社会利益也是动力之一。特别是在《坐着火车去西藏》一书运作过程中，我们可以把利益宽泛地理解成一种需要。只要能够满足需要，其实就是实现了利益。《坐着火车去西藏》一书在许多方面，满足了不同政府部门的需要。具体说来，铁道部非常希望在青藏铁路通车之际有一本系统介绍青藏铁路修建、观光的图书，使世界人民了解西藏铁路建设之艰辛，意义之巨大；西藏自治区及各地方也希望借助这样一本书，来宣传当地的旅游资源、发展变化；旅游部门自然也盼望此书能够替他们做做广告。

整合资源是一种政策性、理论性的说法。从操作层面来看，其实是把各方面的利益协调一致，集中力量和优势资源打造精品工程。这种以市场手段来整合优势资源的做法，比通过行政手段联合各方资源的做法，效率更高，效果更好。

以读者为本位打造外宣产品

图书作为一种商品，必须通过使用才能实现它的价值，所谓图书的使用就是阅读。如果没有阅读，再好的作品也无法实现它的价值。外宣图书作为一种指向性非常明确的文化产品，更应该重视其实效。从统计数据来看，我国出版的外宣图书很大程度上因为不适合读者的阅读口味、方式等原因形成滞销，即使是赠送的图书也会被束之高阁。

笔者所说的以读者为本位，并不是说完全以读者的口味为指导，读者想看什么就给什么，而是充分尊重读者的阅读品位，适应读者的阅读习惯，以读者能够接受的方式打造我们的外宣图书。另外，从对外宣传的策略角度来看，比较忌讳说教式的宣传，好的外宣品应该做到"润物无声"。以《坐着火车去西藏》为例，从内容来说，这主要是一本介绍藏地文化、西藏铁路沿线风光的旅游指导书。但其设计实用有趣，对于西藏铁路沿线的景物、风俗人情均有详细的介绍。同时因为作者曾经两次亲自搭乘火车前往拉萨，书中给读者提供了许多坐着火车去西藏独特的观感和体验，应该说没有机会去西藏的读者也能通过书中的介绍，对西藏的历史、文化、现在的发展等有大概的了解。另外，书中有许多实用信息，包括沿线各景点的开放时间、门票价格、酒店预订、救援电话等一应俱全。所以，此书一上市就得到了市场的追捧和读者的认可也就不足为奇了。

从海外反馈的信息来看，国际社会除了对我们的经济发展了解较多以外，对于我国的历史、文化、国民性、现况等真实的情况知之甚少。外宣面临的重要问题，是如何把一个真实的中国展现给世界，而《坐着火车去西藏》一书就是通过火车旅游把一个真实的西藏展示给读者。此书作为外宣品的成功之处在于，它完全放弃了说教式的讲述方式，而是通过读者感兴趣的话题，读者有实际需求的信息，先建立阅读通道，然后水到渠成地把我们的外宣任务完成。

此书上市不到一个月，香港、台湾、韩国等多家出版商就找上门来洽谈版权转让事宜。虽然从海外的出版商角度，他们并不是为了替我们做外宣工作才来购买版权的，而是看到了这本书的市场价值，但是却在主观上间接、客观上直接地为我们做了宣传工作。应该说抓住读者，是外宣工作的根本和重中之重，没有读者对象的宣传只是自娱自乐。要想抓住读者，就必须以读者为本位。要充分考虑到内外有别，各国的读者有其独特的文化背景和阅读习惯；必须充分调研，为他们量身打造合适的图书产品，才能得到海外读者的认可。否则，再好的图书产品最终也只能是缘木求鱼，无果而终了。

外宣图书的形式要有创意和突破

无论是业内还是业外，通常会把外宣图书和内宣图书理解成为性质差不多的图书产品，无非都是向读者解释说明党和国家的政策文件、社会发展状况等内容，所以，图书形式上也大体差不多。从书店陈列的图书品种来看，情况也确实如此，读者几乎一眼就能辨认出那些红标宋体书名、白纸黑字的宣传用书。对于内宣图书而言，所面对的读者基本都是"刚性需求"的，这样设计统一、标识明确的图书产品倒也有利于需要的读者查找。但是，由于外宣图书的外国市场和读者的特殊性，在设计理念等方面都要做到内外有别。

从读者结构分析来看，在海外对外宣图书有"刚性需求"的读者是非常少的，一般仅限于中国研究的专业人士，即中国通；一般说这些人并不是我们外宣工作的重点。我们重要的读者是海外对中国还不太了解或基本不了解的广大民众，所以此前为"刚性需求"读者打造的图书产品显然就不合适了。

同样作为宣传性图书，鉴于目前海外读者对于中国事情的了解还处于补给阶段，外宣图书的内容比内宣图书相对应简洁许多。简洁不是简单，更不是容量缩水，而是深入浅出、举重若轻的一种方式，实际上是对图书制作提出更高的要求。如何把内容相对简洁的图书设计得更有艺术性，更能吸引读者的眼球，这才是外宣图书制作的关键。

实际上，外宣图书内容容量相对较少也是有利条件，这为设计提供了足够的空间。外宣图书要更注重设计和艺术性，因为设计元素和艺术性是无国界的，超凡的设计和艺术美感能够取悦于不同国家的读者，能够使外宣图书在琳琅满目的图书中跳出，从而吸引他们购买和阅读。外宣从业人员要打破思维上的局限，要时刻关注国际书市的变化，善于把传统和时尚元素统一融合，把东方和西方的元素有机整合，这样才能制作出有中国特色的，同时又能为国际社会所接受的外宣图书。

《坐着火车去西藏》一书值得称道之处，就是在设计上完全达到内容和艺术上的浑然一体。内文主要以藏地风物和火车为主要设计元素，藏地味道十足，同时火车铁道元素的艺术性组合，凸显主题又非常别致。比如，目录以通用的铁路地图形式加以艺术化处理，设计感非常强；内文标题的卡通小火车和铁道元素的使用，处处强调火车西藏游的意思。此书的设计得到多位设计师的肯定，之后跟风出版的图书模仿的也很多。香港皇冠出版社不但购买了版权还直接购买了设计版权，几乎未加任何修改就出版了繁体字版本，由此可见此书设计确实颇为成功。

后期营销推广是外宣图书市场化的关键环节

外宣图书也是图书，优秀的外宣图书一定也是市场表现好的产品。只有市场表现好的图书才会有影响力，才能起到外宣效果。如果说有些非外宣类的所谓精品图书，还可以用叫好不叫座或曲高和寡来评价，那么外宣图书一定是市场销售出色、读者喜欢阅读的图书。否则这样的图书即便可能称之为优秀图书，也一定不是"优秀外宣图书"。

业界经常讨论说图书是市场化、商业化程度相对比较低的行业，其中一个重要的指标就是图书行业的营销推广非常不成熟，在业界几乎没有什么特别成功的案例可以作为教材。在这样的行业大背景之下，外宣图书作为书界比较特殊的小规模版块，其营销推广工作更为薄弱。原因主要有两个方面：一是理念上认识不到位；二是图书营销推广操作难度确实较大。

我们之所以要端正营销理念，也是由当前外宣工作的需要决定的。现在外宣图书的结构与几十年前相比有很大的变化，逐步由之前的赠送向市场销售方式转变，这种情况下只有占领市场才有外宣效果。从商业经营角度来看，只有形成市场销售才能实现外宣图书出版的良性循环，最终实现社会效益和经济效益的双赢。

就操作层面而言，造成目前图书销售困难的主要问题是信息不对称。其表现就是读者经常抱怨看不到好书，出版商为好书找不到读者而发愁。这一看似简单的问题，解决起来非常麻烦，一是因为单品图书的投入较小，根本无法投入大资金营销推广，这也是为什么从来没有在电视等强势媒体看到图书广告的原因；二是营销方向不对头，方法不得当，成效不明显。前者原因受制于经济规律，基本无法克服，而后者则大有可为。

外宣图书的营销主要集中在两个方面，一是媒体，二是渠道。媒体是社会之公器，属于公用的信息平台。外宣图书的选题策划、内容制作都要事先考虑到与媒体的契合点，只有这样媒体才能为我所用。《坐着火车去西藏》一书就是提前预判到媒体关注的焦点，时机一到借势而起。当时至少200余家媒体报道过这本书的出版，其中一部分是我社营销人员努力的结果，更多的是媒体主动宣传此书。媒体的宣传对此书的销售起到了巨大的推动作用，这从一位网友的博客可以得到证明。他写道，2006年有两件事应该做，看《坐着火车去西藏》，听《坐着火车去拉萨》，可见其影响之广。

在渠道推广方面，我社的发行人员做到了最大程度的图书下沉，并且在西单图书大厦等重要卖场码堆摆放。这样，此书在西单图书大厦很快进入销售排行榜，进而直接影响到全国市场的销售热情。另外，我们也曾尝试在北京开往拉萨的火车上进行图书漂流活动，这种新颖的推广方式也取得不错的效果。

外宣图书在销售上特别强调渠道的重要。主要的销售场所并不是传统的新华书店，而是在涉外酒店、旅游景区、国际机场等外国人经常出入的场所，好书出现在正确的地方才能遇到合适的读者。

外宣图书市场化运作是中国社会发展到现阶段对外宣工作提出的更高要求，也是未来外宣工作的发展方向。理论易懂，关键在操作过程，要求在选题策划、内容写作、设计制作、营销推广等每个环节都要考虑到市场因素。需要强调的是，重视市场因素并不是一味被市场牵着鼻子走，而是以党和国家的外宣政策为指针，在新形势下遵循市场规律，以市场手段调动市场各种积极因素，打造切实贯彻我国外宣工作主旨、内容丰富、积极向上、市场销售良好、读者喜欢阅读的精品外宣图书。

于九涛：新星出版社副社长，《坐着火车去西藏》责任编辑。